社会福祉論の基本問題

木村 敦 著

学 文 社

はしがき

前書『社会政策と「社会保障・社会福祉」—対象課題と制度体系—』を上梓してから，４年あまりの歳月が経過した。その間，同書に対しては，いくつかの疑問や批判を投げかけていただいた。拙著を精読していただいた方々には，まずはこの場を借りて厚く御礼申し上げたい。

一方で，「社会福祉分野における事業の遂行者または実践者は，日常の業務が困難に直面したとき，どのような理論的基盤に立ち戻ることができるのだろうか」「『社会福祉とはそもそも何か』という基礎理論・本質論を，社会福祉分野の研究者は提供できていないのではないか」という，同書の冒頭に掲げた基本的問題意識が変化したわけではない。また，そのこととの関連では，同じところで言及した「社会福祉士の養成課程」のありようは，著者の理解からすると改善されるどころか改悪されていると言わざるを得ない。

したがって，著者に課せられた課題は大きく分けて２つあったということである。すなわち，第一に，前書に対して寄せていただいた批判にこたえること，第二に，社会福祉の本質論・基礎理論を構築する作業を続けること，である。本書のタイトルは，第二の課題に対する自分なりの回答という意味である。

課題は，自分なりにこなせた範囲で，学術誌に掲載するなどしてきた。本書の各章は，序章ならびに第３章は書き下ろしで，それら以外は，以下に掲げる論稿にそれぞれ加筆・修正を行ったものである。初出は以下のとおりである。

第１章　『同志社社会福祉学』第28号（2014年12月）
第２章　『大阪産業大学経済論集』第14巻第３号（2013年10月）
第４章　社会事業史学会第43回大会（2015年５月，愛知県立大学）で使用したレジュメ
第５章　『大阪産業大学経済論集』第15巻第２・３号合併号（2014年６月）
第６章　『天理大学社会福祉学研究室紀要』第15号（2013年３月）

転載を快諾していただいた，同志社大学社会福祉学会，大阪産業大学学会，ならびに天理大学人間学部人間関係学科社会福祉専攻の先生方各位には，この場を借りてご厚情に感謝したい。

今回，これらの仕事をまとめて，微力ながら世に問う必要があると考え，著者なりにブラッシュ・アップし，刊行の運びとなった。引き続き，ご批判いただければ幸いである。

本書は，上記のとおり，２つの課題に対応すべく編集したものである。具体的には，第１章・第２章が第一の課題に対応する部分であり，第３章以降が第二の課題に対応する部分である。

各章の具体的な論述内容の紹介は，引き続き序章で述べることとしたい。

2015年10月10日

木村　敦

目　次

序章

本書のねらい

I　本書の位置

2011年に『社会政策と「社会保障・社会福祉」―対象課題と制度体系―』を刊行して以来，その「刊行趣旨」冒頭で述べた状況に大きな変化はないように思われる。非正規雇用労働者の増加を要因のひとつとする労働者とその家族の貧困は全くもって解消される気配がなく，その貧困の解決にあたるべき基本的施策である社会政策は，さらに多くの部分が，社会福祉，とくに生活保護制度によって代替されようとしている。そして，社会福祉は有効な生活問題対策となり得ていない。

一方で，同書には多くの批判も寄せていただいた。その批判は，

1）社会福祉の対象課題が生活問題であるというのは理解できるが，生活問題はすべて労働問題から引き起こされると考えてよいのか。

2）社会福祉の社会政策に対する代替性は社会問題対策全体にとって問題であり，かつ，その代替性が近年拡大しているというが，それは本当か。また実証可能か。

の２点に集約されていると著者は理解した。

上記の，社会福祉の「閉塞状況」を打開するための方策立案のための一助となりたいと考えながら，すぐ上に列挙した批判にこたえなければならない，というのが著者の課題となった。批判は実に真っ当であったからである。

1）の点に関して言えば，孝橋理論を援用するだけで「労働問題から生活問題がひきおこされる」とだけ述べるのでは，現在という意味での現代における生活問題の本質を十分とらえたものとは言い

難い。「むき出しの資本主義」とでも言おうか，実に19世紀的な「やりたい放題」の資本主義が地球上を覆っていくという「グローバル時代」における生活問題について，より綿密な論証が著者には必要であった。2）の点に関しても，たとえば，「失業保険給付が制限されて，そのツケが社会福祉に回されている」とイデオロジカルに発言してみても，それは空砲である。少なくともこの点については，これまで以上に詳細な実証が必要である。

そこで，本書の刊行にあたっては，前書で試みられた分析を踏まえながら，以下の分析・論考を行った。すなわち，

1）「労働問題から生活問題が引き起こされる」というとき，労働問題は賃金問題などの「古典的な」問題だけではない。この点を踏まえて，「労働問題」を今日的・現在的な意味合いで検証（再検証）する。

2）社会福祉の，社会政策，とくに社会保険（労働者〔被用者〕保険）に対する代替性が2000年以降において拡大していることを実証する。

3）「社会科学的に」社会福祉の対象課題を把握したうえで，社会福祉・ソーシャルワーク実践を「社会科学的な方法で」行うことは可能かどうかについて検討する。

以上の3点である。

各章での具体的な論述内容は，次節においてそれぞれ簡潔に記述することとする。

Ⅱ　各章での論述内容

⑴　生活問題はすべて労働問題から派生するのか（第１章）

著者はこれまで，社会福祉の対象課題を生活問題ととらえ，生活問題を社会問題の一環であると把握してきた。ではその生活問題はどのようにして生成するのか。生活問題を現象的に列挙することによって定義をしたかのように考えることは論外であるが，生活問題の生成根拠を社会科学的に理解しようとするとき，社会問題の一環（基本的な社会問題）としての労働問題から生成されるのか，または，資本主義経済社会の根本的・基本的矛盾から生成するのか，それともそれら以外かという問いは，実に古い問題であるとともに現代・現在的問題でもある。

第１章は，野村武夫氏・加藤博史氏の批判にこたえることを目的とするが，その目的を達成しようとする中で，この労働問題と生活問題との関係について再び考察する。その論証の中で著者は，賃金問題を中心とする基本的な労働問題に重ねて，現在においては，グローバル規模で拡大する資本主義経済の矛盾が，人々の「働き方・働かせ方」を通じて，くらしを破壊するような，「新しい生活問題」が私たちを取り囲んでいることに言及する。

⑵　社会福祉の社会政策・社会保険に対する代替性は本当に拡大しているのか（第２章）

『社会政策と「社会保障・社会福祉」―対象課題と制度体系―』で著者は，社会福祉の社会政策に対する代替性が拡大することによって，社会保障制度という生活問題対策体系全体が劣化してきていることを指摘した。その指摘を裏打ちするために，若干の論証も試みたが，それはいまだ不十分であるというのが，著者の実感でもあり，少なからぬ方々から寄せられた批判でもあった。

第２章では，戦後の日本で，社会福祉（被用者保険ではない「保険」〔国民健康保険・国民年金・介護保険＝「社会福祉保険」〕を含む）が社会政策としての社会保険（被用者保険）をどのように補充してきたか，あるいはどのように，どの程度代替させられてきたかが，具体的なデータを用いて実証される。そこで明らかとなったのは，とくに2000年以降，社会保障給付費全体の中で，社会福祉費比率が上昇し社会保険（被用者保険）費比率が低下しているという事実であった。そして，その比率の変化が，労働市場と労働運動の状況と無関係ではないことも同時に明らかとなった。

⑶　社会保障制度の本質・契機・役割はどこにあるか（第３章）

社会政策（社会保険）・社会保障・社会福祉相互の関連を考察するというのが，著者のこれまでの仕事のひとつであった。そして著者はその考察を，社会政策が，労働保護から社会保険へと発展し，社会保険が経済的危機を迎えたとき，救貧法・救貧制度の発展形態である社会扶助（公的扶助）と，慈善・慈善事業の発展形態である社会事業とが社会保険を補充するという形で社会保障が誕生する，したがって，社会福祉は社会保障体系の中で実に重要な位置を占め役割を果たす，とまずは結論づけた。

しかし，社会保障が生成したメカニズムの分析に関しては，社会政策・社会保障理論史を振り返れば，社会保険・社会扶助・社会保障・社会福祉の関係を考察した業績が数多くある。

第３章では，坂寄俊雄の社会保障論が取り上げられ検討される。坂寄は，社会保険が経済的・財政的危機を迎えた20世紀の初頭に，その少なからぬ部分が「救貧制度化」し，もともと救貧法を源流にもつ社会扶助と合一し，そうして，社会保険と社会扶助とが「統合」することによって社会保障が誕生したと論じた。そして社会福祉は，上記メカニズムで誕生する社会保障を「補足」するものであるとした。「補足する」と規定したのみであって，社会保障と社会福祉の関係は綿密には検討されていない。しかし，「社会科学的なもの」に限るとしても，社会保障の生成契機を問うことなく現代・現在の社会福祉の位置と役割は明確にならないと著者は考えている。

以上を理由として，著者がこれまで基本的に依拠してきた孝橋正一の理論におけるそれとは異なった定義をもってする，坂寄の社会保障論を取り上げ検討する。

⑷　社会福祉の本質を「もう一度」社会科学的に把握することは可能か（第４章）

第３章に引き続き，社会保障の社会科学的理論を第４章でも検討する。本章では前章より少し進めて，社会福祉の本質規定の部分にまで踏み込んで検討する。

与田柾は，社会科学的に，とくに窮乏化法則理論にもとづいて，社会政策，社会保障さらには社会福祉の本質について，1950年代から60年代にかけて考察した経済学者である。与田は，孝橋正一と社会福祉・社会事業の本質について論争している。社会福祉の本質に関わる論争というと，社会福祉の研究においては，一般に1950年代に『大阪社会福祉研究』誌上で展開した「社会事業本質論争」が思い出される。この「社会科学的方法論対機能論的方法論」という「空中戦」と呼ばれても致し方のない論争とは異なって，与田と孝橋の論争は，ともに社会科学的立場に立った，つまりは同じ土俵で繰り広げられた，きわめて具体的な内容をもった，実質的意義のある論争であったと著者は評価している。

与田の社会保障・社会福祉理論を，その社会政策論的基盤から説き明かし，与田と孝橋による論争の内容を再びトレースすることによって，社会科学的な本質規定にもとづいた社会科学的社会福祉実践理論，端的に表現するなら「社会科学的社会福祉論」を構築するための示唆を得ることが第４章の目的である。

(5)　社会福祉の対象を社会科学的に把握したうえでの社会福祉方法・技術論の立論は可能か（第５章）

第４章までの論証をもとにして，「社会科学的社会福祉論」を構築するために必要となる具体的な論点を提供しようというのが，第５章以下の目的である。

そのために，まず第５章では，本質規定だけでなく，実践方法論の構築も社会科学的に行おうとしたこれまでの研究を再検証する。具体的には，孝橋正一以外に，堀川幹夫と木原和美，そして小野哲郎を取り上げることとする。

堀川・木原は，孝橋の薫陶を受けて，社会事業・社会福祉の社会科学的本質規定をもとに，社会科学的実践理論を構築した，理論家と言うよりもむしろ実践家である。小野は，社会科学的社会福祉本質論・実践論に機能論的要素を組み込んで，「社会科学的ケースワーク論」構築への努力を続けてきた研究者である。

この3者の理論を再評価し，それらの共通部分を抽出し，その抽出物を一定の根拠として，社会福祉の具体的方法（ソーシャル・ケースワーク，ソーシャル・グループワーク，コミュニティ・ワーク，ソーシャル・アクション）の体系化，つまり「社会科学的社会福祉方法論体系」に関わる試論を提示することとする。

⑹「孝橋理論」の再評価（第6章）

著者はこれまで，基本的には孝橋理論にもとづいて社会科学的に社会福祉論を提出してきた。第6章は，そのことについてのいわば「中間総括」である。

孝橋理論に対してこれまでに寄せられてきた批判のひとつでありかつ最も有力であったのは，「社会科学的に社会福祉の対象課題，つまり生活問題を把握することは理解できるとしても，では社会福祉の実践の現場において直面する問題にはどのように対応すればよいのか。つまり孝橋理論は実践場面で有用でないのではないか」というものであったと著者は考えている。

この点に関しては，無論孝橋自身も反論している。著者は，この反論の範囲ですでに孝橋は実践理論をも構築しているのではないかと考えるが，現在の状況にあっては，再検討されるべき内容も少なくない。

第6章においては，孝橋理論を社会福祉実践にとっても有用なものとするための理論装置として，「治療と病理」という枠組みを採用した。機能論的社会福祉実践論が医学で言うならば「治療・治療学」であるとすれば，孝橋らの行った社会科学的社会福祉本質論は「病理・病理学」（「社会病理学」の意味ではなく）である。

病理学は治療にとって不可欠であり，治療実績は病理学の発展の基礎である。第６章では，本書の結語として，本質論と実践論とが研究のうえで交流することが必要であることを提示した。

本書の各章は，もともと独立した論文として執筆したものである。したがって，どの章から読んでいただいても理解いただけると思う。しかしその一方で，配列順については十分に配慮したつもりである。第１章から順に，「組み立てる」ように読んでいただけるのであれば，著者にとってはまことに幸甚である。

労働者の直面する
生活問題はすべて
労働問題から派生するのか

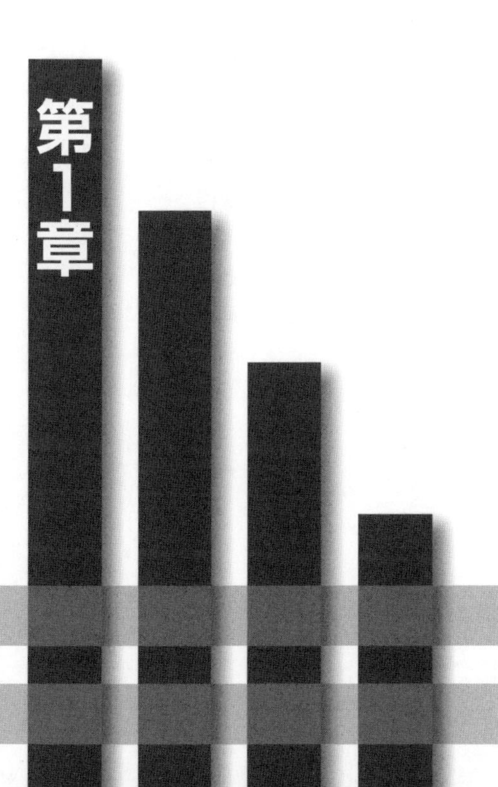

〈要　旨〉

本章は，野村武夫・加藤博史両氏からいただいた論評と問いかけにこたえることを主たる目的とする。

その目的を達成するために，具体的には，まず，著者の考える「労働問題」の現代・現在的な意味をあらためて提示する。著者は主として孝橋正一の理論に立脚して論述を行ってきた。しかし，孝橋の主要理論が提出された時代と現在とでは，資本主義の姿も相当に変化している。これが再提示する理由である。また，これまで，資本主義社会の構造矛盾が，働き方・働かされ方をとおして人々に体現される社会問題を，あまりにも単純に「労働問題」とだけ定義していたのではないか，という著者自身の反省からも再提示を試みる。

次いで，その「労働問題」と，人間が一定の歴史的・地理的ひろがりの中で，つまり「地域・地域社会」において家族とともにくらしを営むうえで遭遇せざるを得ない課題，すなわち「生活問題」との関連について述べることとする。

そして，労働者という人間が労働力という商品として現実に売買されていることの今日的・現在的な意味について考察することとする。

Ⅰ　問題の設定

本章は，著者が拙著[1)]において提示した説に対して，これまでにいただいた批判に自分なりに応答することを目的とする。

野村武夫氏はその論評[2)]の中で，「労働問題が生活問題につながる側面は否定できないが，（中略）生活問題を労働問題に限定することは一考を要するのではないか」[3)]とする疑問を提出された。重要な指摘に対して，まずは深く感謝したい。その貴重な問いは，著者にとっては「すべての生活問題を労働問題からの連続性のもとに理解してよいのか」という疑問であると理解された。

同様の見解は過去の論争においてもみられる。たとえば真田是は，孝橋正一の著述に対して，すべての生活問題が労働問題から派生的に生成するのだとすると「農民や都市営業者層といったものは社会福祉の対象から除かれてしまう」[4)]と批判した。その批判がなされた時期からはすでに30年以上が経過し，日本の資本主義の状況も変化した。

しかし今日という時期にあって，労働問題も生活問題も，社会問題全体も，30年前と比較すると，その様相を大きく変化させている。したがって，変容を経た段階における生活問題分析としての，孝橋理論に骨格部分を依拠した著者の著述には不十分な点が多く含まれ，そのために誤解を招いた側面は否めない。つまり，30年前の同様の議論はともかくとしても，今日のこの問いにはこたえる必要がある。

また加藤博史氏からは，著者の拙論[5)]に対し，「果たして人間を労働力の側面からだけで捉えきれるものであろうか」[6)]という貴重な問いを投げかけていただいた。無論著者も，人間のすべての側面が労働力商品として理解されてよいとは考えていない。また,「人間についての分析」が,すべて労働力商品の分析であってよいとも考えていない。そして何より,そもそも人間は商品ではない。しかし,著者の論述に説明不足があったこともまた否定できない。

そこで本章においては,両氏の論評と問いかけにこたえることを主目的として,まず,著者の考える「労働問題」の意味をあらためて提示する。次いでその「労働問題」と,人間が一定の歴史的・地理的ひろがりの中で,つまり地域において家族とともにくらしを営むうえで遭遇せざるを得ない課題,すなわち「生活問題」との関連について述べることとする。そして,労働者という人間が労働力という商品として現実に売買されていることの今日的意味について考察することとする。

Ⅱ 「労働問題」の再定義:「今日的労働問題」

著者は,これまでの論述において,「労働問題」をあまりに簡略に規定しすぎ,「資本制社会の基本的問題=労働問題」という図式を所与の前提として扱っていたのではないか。換言すると,「労働問題の歴史的側面」,あるいは「労働問題の今日的特質」についての分析が欠けていたのではないか。この点が,著者のこれまでの著述における不十分さではなかったかと思われてならない。

そこで本章では,「労働問題」に「狭義の労働問題」と「広義の労働問題」がある,という枠組みを設定し,労働問題の今日的特質について,分析にまでは至らずとも,若干の私見を述べることとする。

(1) 「労働問題」はやはり最も基本的な社会問題である

労働問題は，資本制的生産関係をめぐる諸機構の中で最も矛盾的であると言える[7]「労働力の商品化」が，労働者を窮乏に追い込み，その窮乏の状態が社会的諸力によって顕在化した社会問題のひとつである。そしてその窮乏化が，法則的である点については今日においても基本的には変化していないものと考える。

労働者の窮乏を顕在化させる社会的諸力とは，主として労働運動の力，すなわち生産関係・労使関係をめぐる力動である[8]。社会問題とは，社会，終局的には国家権力が対応を迫られ，何らかの措置を講じ対応しなければ社会が維持され得なくなる，労働者階級をその担い手とする問題である。無論，世の中にあらわれたさまざまな問題現象，などという抽象的内容を意味するものではない。

資本制社会は，すべての存在を商品化しようとする。人間（労働力）もまた然りである。実際に売買されてきたし，今もされている。そして資本制社会に最も大きな衝撃をもって現象するのは，「売り買いしてはならないものを売り買いしているという矛盾」が問題化したもの，すなわち労働問題ということになる。この点についてたとえば孝橋正一は，労働問題を「社会の基礎的・本質的課題」[9]と表現したのである。

(2) 「新たな社会的諸矛盾」と「労働問題」

したがって，労働問題は社会問題[10]のすべてではあり得ない。売買されているのは労働力だけではないからである。しかしながら「典型的な社会問題」である。「一番売ってはならない」のが「労働力という名の労働者」だからである。著者のこれまでの論述の中で不足していたのはこの点についての説明であった。

著者が主張したかったのは，「資本制的生産体制の諸矛盾と関係なく，この世にいわば『降ってわいてくる』社会問題，とりわけ生活問題は，ない」という点であった。野村氏は，今日の生活問題が発生する根拠として，「情報化，グローバル化，社会制度，生活様式，価値意識，家族形態，産業構造や雇用形態」[11) を列挙しておられる[12)。これらが現代の生活問題の根拠であることに，著者は強く首肯する。ただ，著者はこれらを含め「労働問題」という概念設定を勝手にしてしまっていたのである。この点について今少し説明したい。

野村氏の提示される「諸矛盾」は，今日の資本主義が生み出した矛盾である。そしてこれらはいずれも，人間の働き方と深く関わっている。たとえば「情報化」によって私たちの労働は工場で絶対的時間管理を受けるものでは必ずしもなくなり，労働時間という概念も修正されざるを得なくなっている。また，「グローバル化」はいわば「新たな植民地主義」を生み出し，発展途上国においては年少者までもが賃金労働過程において搾取の対象となっている。さらに，「家族形態」の変容は，家族内の扶養機能を減退させ，介護や育児が「商品化」という意味で外部化・社会化され，世帯内での労働力の価値分割も進行している。

著者は，これらの諸矛盾も，顕在化し社会で解決されねばならない課題であると認識されるようになったとき，それらを「労働問題」と呼ぶべきではないかと考える（考えた）のである。資本主義の「発展と変容」によって，今日新たに提起されることとなった諸課題から「生活問題」が生み出される。この点は野村説と同様である。

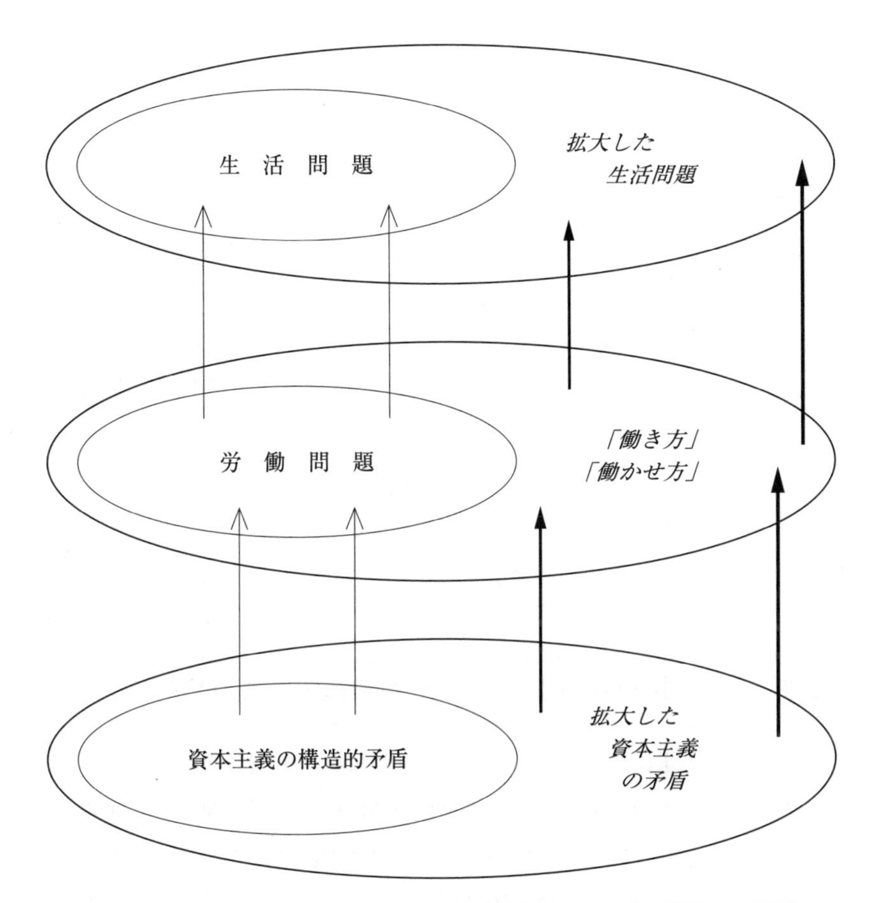

図1－1　現代社会における資本主義の構造的矛盾と生活問題との関係

出典）著者作成

そして，その新たな課題は，ほとんどの場合人間の働き方・働かせ方と強く結びついている。著者は，低賃金・長時間労働などの生産関係の矛盾が，「働く現場」で労働者に体現した問題を「狭義の労働問題（最も基本的な労働問題）」，新たな文脈で認識される，働き方・働かせ方と強い関連をもつ社会的諸矛盾が顕在化した問題を「広義の労働問題（新しい〔今日的〕労働問題）」と表現することとしたい。

そして，社会福祉のあり方を考察するうえで最も重要なのは，そのいずれもが生活問題を生み出すという点である。資本制的生産体制のもつ根本的矛盾が，今日においては「新たな労働問題」を生み出し，それが生活問題を派生的に生成する，言い換えれば「働き方・働かせ方というフィルター」をとおしてくらしをめぐる困難，生活問題が生み出される，と著者は考える（図１－１）。

以上が，野村氏の貴重な問い・設題への，不十分ながらも著者なりの応答であり，労働問題と生活問題の関連をめぐる著者の主張の，補足を加えたうえでの再提示である。

Ⅲ 「孝橋理論の時代」における「労働問題と生活問題」

以上の主張に関して，著者が孝橋理論に基本的部分を依拠している関係上，孝橋が労働問題を「社会の基礎的・本質的課題」と理解し，おそらく「ほぼすべての生活問題は労働問題から派生的に生成する」と，少なくとも理論的には考えた点について[13]，自説への釈明的側面を否むことができないが，解釈を加えておきたい。

(1) 孝橋理論の形成と労働者の「窮乏化」

孝橋が，資本主義社会における生活問題の位置と，それへの対策についての理論の基本的部分を構築したのは1950年代であった。この時期は，日本においては高度経済成長がようやく開始を告げた時期であった。ヨーロッパ諸国においても，今では「古典的」と言えるかもしれない福祉国家の建設が進められていた。

ヨーロッパはさておき，少なくとも日本においてはまだ，いわゆる「窮乏化論」のみに依拠して「労働問題と生活問題」について考察することも無理ではなかった。比較的単純に，「低賃金と長時間労働」という形で労働問題が現出したのである。低賃金問題を労働問題の代表，ひいては社会問題の代表と考えることも不可能ではなかった。この，典型的な労働問題を「労働問題①」と仮に規定しておきたい。

(2)　高度経済成長と労働者生活の変容

高度経済成長期に突入し，日本の労働者の賃金は上昇する。その中で置き去りにされた人々と彼ら彼女らの困窮は無論忘却されるべきではなく，むしろ社会福祉論を展開するうえでの中心課題として取り上げられるべきであるが，ここではひとまずおくとする。

労働運動の成果もあって，賃金が大勢においては上昇することによって，低賃金問題はある程度終息する[14)]。しかし，賃金の上昇と同時に労働者が直面したのは，社会的消費の強制という問題であった。新たに政策的に作成された，「消費は美徳」などとする社会的通念によって消費は増大した。いわゆる「三種の神器」などが，購入して当然のものと理解されるようになった。

さらに，これら耐久消費財の購入・消費は，当初「ホワイトカラー層を中心に大企業の相対的高賃金の世帯持ちが先導」[15)]し，次いで，生活を外部化する必要の大きい共働き世帯によって担われ，さらには，消費者ローンの普及によって，相対的低所得世帯によっても担われるようになった。かくして，この「アメリカ式生活様式」の拡大による生活の物質的豊富化は，労働者階級全体の生活不安を増大させるに至ったのである[16)]。

この，資本主義の発展に伴う消費の増大による労働者家計の圧迫を，「高度経済成長期の労働問題（労働問題②）」と，仮に規定しておきたい。

⑶ 今日における労働問題

今日はもはやいわゆる「重厚長大」型産業によって先進諸国が経済成長を遂げる時代ではない。低成長時代に突入し，産業構造の変化によって，私たちの「働き方・働かせ方」も変容を遂げざるを得なくなった。

今日私たちは，「目には見えぬもの」をさえ「つくって・売って・買う」ことを繰り返さなければならない。その中で，前出の野村氏の列挙する「情報化，グローバル化，社会制度，生活様式，価値意識，家族形態，産業構造や雇用形態（の変容〔著者補足〕）」といった諸現象による矛盾があらわれる。これらの，資本主義の今日的変容による新たな社会的諸矛盾が働き方・働かせ方のうえで顕在化した社会問題を「グローバル時代の労働問題（最新の労働問題〔労働問題③〕）」と規定しておきたい。

⑷ 孝橋が「いわゆる労働問題」を「社会問題」と規定したことの意味

孝橋が，「いわゆる社会問題（全体）」を「社会的諸問題」，「いわゆる労働問題」を「社会問題」，「いわゆる生活問題」を「社会的問題」と定義した点については，若干のニュアンスの問題こそあれ[17]，概ね間違いではない。しかしこれは，単に用語の問題ではなく，孝橋理論形成期における資本主義の状態と大きく関わっている。

つまり，孝橋理論形成期には，労働問題が，しかも前述の「労働問題①」が最大の社会問題であり，これが解決されれば大方の社会問題が解決したと言っても過言ではなかった。孝橋理論は，労働・社会政策によってなお解決されない労働問題が，派生的・関係的に生活問題（社会的問題）を生成するという点，そして生活問題に対する対策がどうあるべきか，つまり社会事業がどうあるべきかという点，この2点について，1950年代という時期にに考察しようとしたところに，その真骨頂があろうかと思う。労働問題は，前述のように拡大・変容している（「労働問題②および③」）。そしてその前提に野村氏の言う新たな社会的諸矛盾がある。

以上の点を踏まえるならば，今日において，孝橋理論を基礎に，「今日的・現在的労働問題（労働問題①＋②＋③）」から生活問題が生み出されるという主張に，大きな無理はないように思われる。

資本主義社会において私たちは，少なくとも現在までのところ，工場労働者はもちろんのこと，「社会福祉サービス」のような「目には見えぬもの」をつくり出す労働者であっても，とにかく，基本的には賃金労働者として働かなければ生きていけない。この事実から生活問題が生成すると考えるのである。

しかしながら，人間がいつまでも商品として売買されていてよいのであろうか，という点については今日多くの議論がある。労働と収入とを切断するべきであるという考え方も，世界中から提出されている。「ベーシックインカム」論[18]などがそれである。著者には，そのすべてに言及し「労働の将来」について展望する力量はないが，次節では，加藤博史氏の問いかけに応答するべく，「労働力商品としての人間」のおかれた現状・現実について，少し述べておきたいと思う。

Ⅳ 「労働力商品化」の今日的状況

⑴ 「商品化」全体の状況と社会福祉サービスの「商品化」

馬場宏二によると，グローバル化段階の資本主義社会は，「資本が利得のために有害物質を商品化するとか，売らんがために無用なものを広告で騙して押しつける」[19]ような時代であり，「消費資料ばかりか各種生活サービスまで資本の手で供給されるようになっている」[20]状態にある。

またこの世の中は，「欲望自体も資本に開発される個別的非社会領域での生活水準上昇」[21]が私たちに強いられるところの「おそろしく資源浪費・環境破壊・肉体労働節約的」[22]な社会でもある。私たち労働者は，要らないものの消費まで社会的に強制されているのである。「金で買えないものはない」のではなくて「金で買わなくてもよいものはない」のである。

社会保障・社会福祉分野でも，介護・保育・(障害者などへの)サービスなどの，ほとんどすべてが商品化されたと言ってよい。たとえば，介護保険制度は，「介護の社会化」を掲げて創設されたが，その「社会化」は，「商品化」という方法で「外部化」するものでしかなかった。

保育においても，1990年代後半に「保育の措置」は「保育の利用」に法律上の名称があらためられたが，それは保育サービスを商品化することにほかならなかった。

社会福祉サービスの提供方法は，認定システムや点数制の導入によって「切り売り・量り売り」方式に変更され，それと同時に，サービス提供に従事する労働者の働き方も，契約・パートを導入するという「雇用形態の多様化」などによって，細分化した。しかし一方で，「社会福祉という労働」が，目にみえやすい貨幣的価値を直接に生み出すのではないという事実は存続している。そして，価値を可視化しようとする営みは，存在しないか，または効果をあげていない。

この2つ，すなわち，第一に社会福祉サービスが商品化され続けていること，第二に社会福祉労働が細分化され続けていることを理由として，社会福祉は，「人間の，人間全体（全体としての人間）に対する働きかけとしての継続的支援・サービス」という側面を希薄化させ，ある人間にとって不足した一部の要素に対応する商品（「介護商品」「保育商品」など）の売買過程に転落した，またはしている。さらに，その働きかけに従事するべき社会福祉労働者の多くは，労働の細分化によって，自らを不安定・低賃金化させている。そして少なからぬ場合，社会福祉労働者は自らの労働条件の劣悪さの構造的要因について無自覚である。

⑵ 「何でも売る時代」の「労働力商品」

「果たして人間を労働力の側面からだけで捉えきれるものであろうか」という加藤博史氏の問いかけは，何事にもまして重要である。

著者の結論から言うと，人間は労働力商品としての側面からのみ理解されてはもちろんならない。

しかしながら，今日において賃金労働は，人間化するどころかますますもって「純粋な商品売買」としての側面を強化させている。そして，労働力商品としての人間の売買には市場原理がむき出しの形で貫徹する。日本においても，市場原理をコントロールする力としての労働運動が弱体化している現状にあって，労働力商品の売買は市場原理にゆだねられざるを得ない。

さらに，その「市場原理をむき出しにする方法」は巧妙化し，陰湿とさえいえようものである。「雇用形態の，『働き方をめぐるニーズ』に応じた多様化」[23)]などのうたい文句のもとに，派遣・契約・望まざるパートなど雇用形態の不安定化が進行し，人間は部分に切り刻まれ，家族の中で労働は細分化し，「人間の名に値しない生活」が働き方・働かせ方の変容によってもたらされている。

先に，野村氏の問いに答えるべく述べた点とも大きく重なるが，「市場原理むき出しでやりたい放題の資本主義」がもたらす矛盾が，「働き方・働かせ方」を通じて私たちのくらしの課題，生活問題としてあらわれているのである。

著者が行いたかったのは，以上のような状況下で，「資本制社会における生活問題」の本質を，今一度不十分ではあろうが提示する，という作業であった。またはそれにすぎなかった。

人間はあくまでも人間であって商品ではない。人間が，自らを商品として販売せねば生活不能である社会がいつまで続くのであろうかという問いは，社会科学にとっても根源的である。そしてその問いをめぐっては，労働と収入との関係を部分的にあるいは全面的に切断しようという理論，すなわち「ベーシックインカム」論や，ILOの提唱する「ディーセント・ワーク」[24]に関する議論などが現在展開している。

これらの議論は，理論的に接合面があるか，あるいは強い関連性があるかどうかはともかくとしても，たとえば上述の馬場が言う「何でも売る社会」において，労働力商品の取り引き，すなわち人間の売買が，形態のうえでも，それがもたらす生活の困難という内実においても，「もうこれ以上続けていくことは無理」と判ぜざるを得ない段階に到達しているという現状認識のもとに展開しているのであろう。

そのなかで著者は，人間は，少なくとも当面は賃金労働に従事せざる得ない，という立場に立った。そしてその立場から，木村(2011)において2つの作業を行った。すなわち，

1）資本制社会の根本的矛盾から生み出される最も基本的な社会問題は労働問題であって，生活問題は労働問題から派生的に生成するという事実の確認または再確認。

2）労働問題ができる限り発生しにくい働き方・働かせ方の実現のために社会福祉の側からできることは何か，についての考察。

以上の2つであった。

結論は，

1）社会福祉，そしてその実践としてのソーシャルワークの具体的内容は，労働問題を基底的要因とする生活問題の解決に日々あたることである。

2）労働問題の解決は，社会福祉が直接的に担うことのできる課題ではない。

3）したがってそこでは，社会福祉実践（ソーシャルワーク）が労働運動と連携・協力することによって，労使関係の改善が図られねばならず，そしてその改革によって，労働の人間化が図られねばならない。

以上の３点であった。

以上が，十分な返答となったとは思わないが，加藤氏の根源的かつ貴重な問いに対する著者なりの応答である。

Ⅴ　今後の課題…そしてソーシャルワークは「どうするのか？」

以上，野村氏・加藤氏の論評にこたえることを主目的として，著者のこれまでの主張を，いくつか補足を行って再提示した。次の課題は，野村氏が「社会福祉を社会正義のムーヴメントあるいはソーシャルアクションとして実践するためにはどのような社会福祉の実践哲学と戦略が必要となるのか」[25]と指摘されるように，また，加藤氏が「ソーシャルケースワークと社会改良的指向との統合」[26]と説示されるように，社会科学的生活問題（社会福祉対象）認識をもとにした社会福祉実践・ソーシャルワークはどのような形で可能であるか，についての考察である。

この点については，これまでにも多くの研究がある。たとえば岡本民夫は，社会科学的かどうかの点については中立を保ちながらも，アメリカ型ケースワークについて，それを歴史的に考察することによって一定の批判を試みた[27]。そして，堀川幹夫・木原和美は，孝橋理論を基礎にしたケースワーク論（「個別相談支援論」）を展開した[28)]。また小野哲郎は，「『現状対応的視点』と『現状変革的視点』」という概念を用いて，社会科学的ケースワークの可能性を示唆している[29)]。

しかしながら，本章においてはそれらそれぞれをつぶさに論評することができない。これらの諸理論を検討し，その検討を土台として「社会科学的ソーシャルワーク」の可能性について展望するという作業は，本書第4章において行われる。

〈注〉

1）木村〔2011〕
2）野村〔2013〕
3）野村〔2013〕p.115
4）真田〔1979〕p.242
5）木村〔2010〕。なおこの拙論は，加筆・修正が行われたうえで木村〔2011〕に収録された。
6）加藤〔2013〕p.194
7）「矛盾的である」とはこの場合，本来商品ではないはずのものを現実には商品として売買している，という意味である。
8）相澤〔1974〕p.98参照
9）孝橋〔1972〕p.42
10）孝橋のいう，労働問題という意味での「社会問題」ではなく，資本主義の構造的矛盾が生み出す問題全体という意味での社会問題。
11）野村〔2013〕p.115
12）また，別論において野村氏は，現代の社会福祉が対象とする「人間関係の問題」として，「対人関係の不適応」（「離婚」「児童虐待」「ドメスティック・バイオレンス」「家庭内暴力」など），「組織や集団における対人関係のストレス，葛藤」，「介護」，「高齢者虐待」を列挙されている（野村〔2005〕pp.126-127）。
13）あくまでも「理論的には」である。孝橋も，「孝橋の時代」にあっても，「労働問題と直接の関係をもたない生活問題」が「ゼロ」であると考えたわけではなかろう。理論的な純化を図ろうとしたのみであろう。

14）もちろん，労働問題のもうひとつの側面，すなわち長時間労働が，この時期から大いに問題となったことは否定されない。そして，賃金と労働時間はいわば「コインの両面」であって，低賃金問題は真の意味での解決をみたのではない。ここでは，「絶対金額問題としての賃金額問題」が，一定程度，労働運動の成果によって解決されたと述べるにすぎない。

15）相澤〔1986〕p.38

16）相澤〔1986〕pp.38-39参照

17）本書第6章参照

18）ベーシックインカム構想とは，たとえば小沢修司の定義によると，「就労の有無，結婚の有無を問わず，すべての個人（男女や大人子どもを問わず）に対して，ベーシック・ニーズを充足するに足る所得を無条件で支給しようという最低限所得保障の構想」（小沢〔2002〕p.104）である。

19）馬場〔2004〕p.118

20）馬場〔2004〕p.118

21）馬場〔1981〕p.179

22）馬場〔1981〕p.179

23）前述の，野村氏が指摘される「産業構造や雇用形態」にも，この点が含意されているように思う。

24）1999年のILO報告で初めて用いられた用語であり，「すべての労働者および就労希望者に（中略）『働きがいのある人間らしい仕事』を保障すること」（雇用のあり方研究会・伍賀一道他編〔2011〕p.62）を意味内容とする。

25）野村〔2013〕p.115

26）加藤〔2013〕p.194

27）岡本〔1973〕pp.18-56

28）堀川・木原〔1975〕pp.1-36

29）小野〔1986〕pp.307-320，〔2005〕pp.97-117

〈引用・参考文献〉

相澤與一〔1974〕『国家独占資本主義と社会政策』未來社

相澤與一〔1986〕「戦後日本の国民生活の社会化―その諸矛盾と対抗の

展開」江口英一・相澤與一編『現代の生活と「社会化」』労働旬報社，pp.14-75
岡本民夫〔1973〕『ケースワーク研究』ミネルヴァ書房
小沢修司〔2002〕『福祉社会と社会保障改革：ベーシック・インカム構想の新地平』高菅出版
小野哲郎〔1986〕『ケースワークの基本問題』川島書店
小野哲郎〔2005〕『新・ケースワーク要論―構造・主体の理論的統合化―』ミネルヴァ書房
加藤博史〔2013〕『社会福祉の定義と価値の展開―万人の主権と多様性を活かし，格差縮小の共生社会へ―』ミネルヴァ書房
木村敦〔2010〕「社会福祉はなぜ社会政策を『補充・代替』するのか―孝橋正一の所論を手がかりに―」『大阪産業大学経済論集』第11巻第3号，pp.1-21
木村敦〔2011〕『社会政策と「社会保障・社会福祉」―対象課題と制度体系―』学文社
孝橋正一〔1972〕『全訂：社会事業の基本問題』ミネルヴァ書房
雇用のあり方研究会・伍賀一道他編〔2011〕『ディーセント・ワークと新福祉国家構想―人間らしい労働と生活を実現するために』旬報社
真田是〔1979〕「社会福祉理論研究の課題―岡村氏・孝橋氏の理論を借りて―」真田是編『戦後日本社会福祉論争』法律文化社，pp.220-258
野村武夫〔2005〕「社会福祉の援助と専門技術」基礎からの社会福祉編集委員会編（代表編者：野村武夫・大塩まゆみ）『社会福祉概論』ミネルヴァ書房，pp.123-146
野村武夫〔2013〕「〈書評〉木村敦著『社会政策と「社会保障・社会福祉」―対象課題と制度体系』」『同志社社会福祉学』第27号，pp.111-115
馬場宏二〔1981〕『現代資本主義の透視』東京大学出版会
馬場宏二〔2004〕「資本主義の来し方行く末」加藤榮一・馬場宏二・三和良一編『資本主義はどこに行くのか―二十世紀資本主義の終焉』東京大学出版会，pp.108-142
堀川幹夫・木原和美〔1975〕『社会事業個別相談』ミネルヴァ書房

第2章

2000年以降における社会福祉の社会政策に対する代替性の拡大

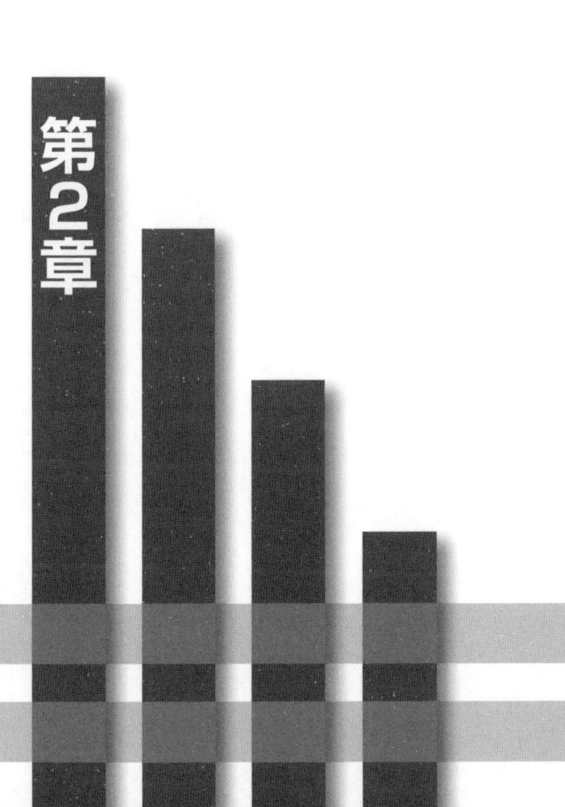

〈要　旨〉

近年，とくに2000年以降，社会福祉の社会政策に対するより代替的性格はより強くなったものと思われる。そして，代替的性格の解消，つまり社会政策の拡充のためには，社会福祉運動が労使関係をめぐる運動，すなわち労働運動と共同することが重要である。社会福祉のソーシャル・アクション機能からの発展形としての社会福祉運動と労働運動の連携について著者は，『社会政策と「社会保障・社会福祉」』において一定程度言及したが，同書における社会福祉の社会政策に対する代替性についての実証はいまだ不十分である。

そこで，本章では，

1）2000年以降，社会福祉制度が，社会保険（労働者〔被用者〕社会保険）制度を，それ以前よりも多く代替していることの実証。

2）その代替が，社会問題対策全体にとってもつ意味についての見解を述べること。

3）代替性を縮小する方法についての見解を述べること。

以上の3点が課題とされる。

Ⅰ　社会福祉の「代替性」とは

社会福祉の社会政策（労働＝社会政策）に対する補充性ならびに代替性に関する先行研究である孝橋（1972，1977），三塚（1997），木村（2011）などによっては，以下のような事実が，一定程度明確になったものと考えられよう。

資本主義社会における社会問題のうち，基本的問題は労働問題であり，生活問題は労働問題から関係的に派生する問題である。つまり，基本的問題である労働問題と，派生的・関係的・二次的問題である生活問題とは連続線上に存在する。労働問題への社会的対策は，工場法（労働保護）制度からはじまった社会政策（労働＝社会政策。労働力保全策としての社会政策〔以下同じ〕）であった。

労働力保全を本来の目的とする社会政策は，生活問題へも対応することを迫られ（対応しなければ労働力が保全・維持・涵養されないため），社会保険（労働者保険＝本章に言う「社会保険」）制度へと拡大・発展する。労働条件を保護する工場法制度と生活問題に対応する社会保険（労働者保険）制度とによって社会政策が構成されるに至ったのである。しかし，社会政策には限界が存在した。

なぜならば，社会政策には資本負担が必要であり，無限に拡大することが不可能だからである。利潤追求を基本的機能とする資本に，社会政策負担を必要に応じてすべて行わせることは理論的に不可能である。つまり，資本に「どこまでも」利潤をはき出させるわけにはいかないのである。

要するに，社会政策には理論的に限界があるのであって，その理論的限界による空白部分を補充するのは社会福祉である。しかし，利潤拡大欲は資本に社会政策負担をさらに軽減させようとする。そうして，理論的限界の下で，場合によっては（労使関係のありようによっては）はるか下で，社会政策は実際的限界をもつこととなる。

実際的限界による空白部分は本来社会政策が対応すべき部分であるから，社会福祉がこの部分に対応することは代替である[1]。社会福祉は最終的な最低生活保障制度であり，また，租税によってその費用の多くがまかなわれる。したがって，資本負担を必須とする社会政策の代わりに社会福祉が働くということは，社会保障制度（生活問題対策体系）において収奪性が高まるということである[2]。換言すればこうである。社会保障は使用者負担を必須とする社会保険をその中核とするが，本来社会保険が担当すべき生活問題対策のある一定の部分が，社会保険ではなく社会福祉によって担われることによって，社会保障財源の中に使用者負担が不問に付される部分が拡大するということである[3]。

以上の事実認識を受けて，木村（2011）で示唆されたのは，近年，とくに2000年以降社会福祉の社会政策に対する代替性が，そしてひいては収奪性が高まっているのではないかという直感と，代替性の解消のためには労働運動と社会福祉運動が共同することが重要なのではないかという見解であった[4]。後者については，本書第6章で一定の敷衍がなされているが，前者についての実証は同書においてわずかに行われているだけで，不十分である。

本章の課題は，2000年以降，社会政策，とくに社会保険（労働者保険，被用者保険）に対する社会福祉（社会福祉保険，社会手当，社会福祉サービス，生活保護）の代替性が高まっていること[5]の実証と，そのことが日本の生活問題対策体系全体にとっていかなる問題をもつのかについて見解を述べることと，代替性解消のための方策を提言することである。

Ⅱ　定義と範疇

(1)　定　義

本章においては，まず，「社会政策」を，労働問題と生活問題に関わるすべての社会的施策を指し示す用語ではなく，労働問題（労働条件問題）と，それが直接的に引き起こす労働力再生産をめぐる課題（「労働問題に近い生活問題」）に対して，資本の負担を伴って行われる社会的施策，いわば「労働＝社会政策」を指し示す用語であると理解した。そう理解したうえで，社会政策を「社会保険」（「社会政策としての社会保険」，労働者保険）によって代表させた。

(2)　範　疇

表2－1の数値は，国立社会保障・人口問題研究所『社会保障給付費』（各年版）中の，「（各年度）社会保障費用」という，社会保障の収入（財源）と支出（給付）とを制度別に集計した表から抽出した。なお，「社会保障費用」には，「公衆保健サービス」（広義には社会保障）と「戦争犠牲者」（広義には社会福祉）の項目があるが，表2－1からは，ひいては本章の分析対象からは便宜上除外した。

表2－1の大項目（「社会保険」と「社会福祉」）に含まれる制度は以下のとおりである。

① 社会保険

表２－１の「社会保険」の範疇には以下の制度を含めた。

ⅰ）被用者保険

健康保険法にもとづくすべての保険給付，船員保険法にもとづく医療給付，国家公務員共済組合法・地方公務員等共済組合法・私立学校教職員共済法にもとづく医療給付（短期給付）

ⅱ）被用者年金

厚生年金保険法にもとづく年金給付，国家公務員共済組合法・地方公務員等共済組合法・私立学校教職員共済法にもとづく年金給付（長期給付）

ⅲ）雇用保険

雇用保険法にもとづく各種給付（雇用対策にかかる給付を含む）

ⅳ）業務災害給付

労働者災害補償保険法・国家公務員災害補償法・地方公務員災害補償法にもとづく各種給付，船員保険法にもとづく災害給付

② 社会福祉

次いで，同じく表２－１の「社会福祉」の範疇には以下の制度を含めた。

ⅰ）国民健康保険

国民健康保険法にもとづく保険給付

ⅱ）国民年金

国民年金法にもとづく年金給付（旧制度による福祉年金を含む）

ⅲ）家族手当

児童手当法にもとづく児童手当，児童扶養手当法にもとづく児童扶養手当，特別児童扶養手当等の支給に関する法律にもとづく特別児童扶養手当・特別障害者手当・障害児福祉手当・経過的福祉手当

ⅳ）社会福祉

児童福祉法・老人福祉法・身体障害者福祉法・知的障害者福祉法・母子及び父子並びに寡婦福祉法（以上いわゆる「福祉五法」）にもとづく給付，精神保健及び精神障害者福祉に関する法律（「精神保健福祉法」）にもとづく「福祉」の給付，障害者の日常生活及び社会生活を総合的に支援するための法律（「障害者総合支援法」＝旧「障害者自立支援法」）にもとづく給付

ⅴ）生活保護

生活保護法にもとづく給付

ⅵ）介護保険

介護保険法にもとづく給付

③「社会福祉保険」について

国民健康保険・国民年金・介護保険を，社会政策（社会保険）ではなく社会福祉に分類しているのは以下の理由による。すなわち，まず，本章で言う「社会保険」とは「労働者保険」のことであり，その条件を，保険料負担において資本（使用者）が最低でも折半の負担をしているという点に求めた。この定義に沿うならば，上記３制度は本章に言う社会保険ではない。

たとえば，国民健康保険は，自営業者等の国民一人ひとり（具体的には被保険者が所属する世帯の世帯主）が保険料（保険税，国保

表２－１　制度別社会保障給付費年次推移

年	社会保険（社会政策）					
	被用者保険（億円）	被用者年金（億円）	雇用保険（億円）	業務災害給付（億円）	社会保険計（億円）	国民健康保険（億円）
1970	12,356	3,831	1,629	1,296	21,082	5,455
1991	13,137	4,765	2,678	1,462	22,042	6,269
1972	16,004	5,845	3,162	1,726	26,737	7,964
1973	18,895	7,984	3,531	1,949	32,359	9,493
1974	27,016	13,419	5,142	2,504	48,081	13,318
1975	32,660	19,096	7,933	3,114	62,803	16,582
1976	38,867	26,254	6,936	3,715	75,772	20,098
1977	43,004	34,026	7,735	4,425	89,190	22,864
1978	49,251	41,097	9,082	5,146	104,576	27,620
1979	53,444	47,741	9,113	5,586	115,884	31,223
1980	58,367	56,851	10,893	6,098	132,209	35,246
1981	62,506	67,728	12,733	6,528	149,495	38,787
1982	66,453	77,077	13,513	8,119	165,162	40,520
1983	59,665	86,069	14,061	8,345	168,140	28,382
1984	58,779	95,152	14,379	8,679	176,989	30,074
1985	57,840	107,064	11,994	8,938	185,836	33,583
1986	60,508	120,615	12,947	8,927	202,997	36,667
1987	62,929	133,595	13,307	8,948	218,779	39,345
1988	65,693	141,873	12,994	9,035	229,595	40,559
1989	68,375	154,542	12,983	9,124	245,024	42,197
1990	71,943	167,462	11,670	9,274	260,349	43,600
1991	76,707	180,145	11,772	9,510	278,134	45,380
1992	82,932	192,381	13,552	9,732	298,597	48,853
1993	85,915	203,421	16,283	9,935	315,554	50,288
1994	88,841	216,625	19,042	10,001	334,509	52,384
1995	92,044	234,002	22,072	10,219	358,337	54,260
1996	94,133	242,898	22,095	10,320	369,446	56,201
1997	90,466	251,254	23,138	10,571	375,429	56,184
1998	86,112	263,597	27,034	10,467	387,210	57,472
1999	85,226	273,345	28,363	19,141	406,075	59,251
2000	84,940	279,874	26,650	10,080	401,544	60,883
2001	85,622	286,912	27,134	10,053	409,721	62,384
2002	82,390	298,322	26,192	9,782	416,686	62,042
2003	79,480	296,634	20,246	9,687	406,047	67,673
2004	79,917	298,913	15,283	9,524	403,637	72,884
2005	82,381	300,592	14,353	9,487	406,813	79,065
2006	82,529	301,829	13,351	9,829	407,538	82,017
2007	85,983	304,963	13,078	9,738	413,762	87,646
2008	88,591	308,928	13,994	9,620	421,133	88,542
2009	90,963	322,611	26,953	9,384	449,911	90,747
2010	94,205	326,374	20,881	9,217	450,677	93,503

※＝社会福祉総額の社会保険総額に対する割合（％）

〔数値出所〕国立社会保障・人口問題研究所『社会保障給付費』各年版

および社会保険と社会福祉の按分

社会福祉						福祉計／保険計(大＝代替性：高)※
国民年金(億円)	家族手当(億円)	社会福祉(億円)	生活保護(億円)	介護保険(億円)	社会福祉計(億円)	
908	46	1,288	2,743		10,440	49
1,135	119	1,587	3,104		12,214	55
1,744	494	2,246	3,900		16,348	61
2,772	892	4,172	4,469		21,798	67
5,786	1,284	5,676	5,753		31,817	66
9,828	1,829	7,249	6,764		42,252	67
14,442	2,333	8,933	7,858		53,664	71
16,916	2,509	10,385	8,894		61,568	69
20,232	2,834	11,775	10,367		72,828	70
23,155	3,180	13,091	11,114		81,763	71
26,825	3,560	14,228	11,533		91,392	69
30,175	3,790	15,321	12,363		100,436	67
32,475	4,109	16,081	13,368		106,553	65
34,054	4,365	11,519	14,009		92,329	55
35,344	4,544	11,893	14,625		96,480	55
37,485	4,617	12,586	15,027		103,298	56
42,525	4,604	13,471	14,710		111,977	55
41,485	4,574	13,757	14,325		113,486	51
44,015	4,500	14,227	13,674		116,975	51
46,584	4,465	15,394	13,457		122,097	50
48,720	4,449	16,706	12,928		126,403	49
51,764	4,439	18,443	12,827		132,853	48
57,348	5,267	19,790	13,010		144,268	48
62,778	5,072	21,437	13,378		152,953	48
69,623	4,928	24,313	13,839		165,087	49
77,563	5,112	26,032	14,849		177,816	50
83,815	5,201	28,325	15,025		188,567	51
90,444	5,304	29,158	16,063		197,153	53
98,782	5,370	30,827	16,820		209,271	54
104,717	6,450	32,201	18,148		220,767	54
111,855	8,045	20,933	19,299	32,531	253,546	63
119,266	9,591	22,133	20,604	41,239	275,217	67
126,703	10,066	23,502	21,869	46,672	290,854	70
133,325	10,239	23,612	23,656	51,115	309,620	76
139,230	12,308	25,375	25,528	55,783	331,108	82
146,097	12,673	25,276	25,923	58,242	347,276	85
153,208	13,512	30,757	26,356	59,998	365,848	90
161,599	15,225	31,587	26,033	63,053	385,143	95
172,439	15,588	35,070	26,778	65,963	404,380	96
179,118	16,102	38,191	30,072	70,506	424,736	94
183,146	20,419	37,962	33,296	74,343	442,669	98
						平均＝64

平均以上

税）を負担するのみであり，使用者負担はない。さらに，保険給付に対して保険料で不足する部分は療養給付費負担金または財政調整交付金という形で，租税によってまかなわれる。また，現行制度発足前は，国民健康保険制度にもとづいて現在行われている給付の多くが，生活保護法（にもとづく医療扶助）によって担われていた。

このように，制度の実態・経緯いずれをとっても，国民健康保険は社会福祉に分類されるべきである。国民年金・介護保険両制度においてもほぼ同様の事情にある。なお，介護保険制度にもとづく2号被保険者（40歳以上65歳未満の被保険者）に対する介護給付（加齢による疾病等による要介護状態に対する給付）の金額は，ここでは無視できるものとした。

この，国民健康保険・国民年金・介護保険の３つの制度は，「保険」という方式を採用しながらもその実態は社会福祉であり，「社会福祉保険」（「相互扶助的公的保険」）とも呼べるものである[6)]。

Ⅲ　社会保険と社会福祉の給付費構成変化

表２－１には，戦後日本の社会保障給付の変化の中で，2000年以降の給付費変化を特徴的にとらえることを目的として，1970年から2010年までの数値を列挙した。

(1)　「福祉元年」と社会福祉給付費比率の上昇

表２－１では，社会福祉の社会保険に対する比率を百分率で表し(社会福祉給付費比率)，これを社会福祉の社会政策に対する代替性の指標とした。「社会福祉代替率」と表現しても差し支えなかろう。

この数値が大きくなるほど社会福祉の社会保険に対する代替性が高いという理解を，本章においては採用した。

1970年において社会福祉給付費比率は49であったが，この数字はその後徐々に高まり始め，1976年には71に達している。

1973年は「福祉元年」と呼ばれた年であった。この年に，高齢者の医療保険給付費一部負担金に対する老人福祉法にもとづく補填，いわゆる「老人医療費無料制度」が開始されるなどして，このころから社会福祉給付費は上昇し，その社会保障全体における比重が高まったのである。

老人医療費の無料化は，老人医療費のうちの社会保険給付で不足する部分を社会福祉が担ったのであるから，社会福祉による社会保険の代替と理解できなくもない。しかしながら，この時期の数値変化を今少し詳細にみるならば，社会福祉給付費の上昇と同時に，社会保険給付費も順調に増加している。したがって，これらを考え合わせると，この時期の社会福祉給付費の上昇は，代替性の拡大と理解するよりは，「福祉六法」等の社会福祉諸制度が一定程度整備されたことのあらわれであると判断する方が適切であろう。

(2)　1980年代後半以降の社会福祉給付費比率の低下（社会保険の上昇）

1980年代後半からは，社会福祉給付費比率は低下し始める。1980年に69であった同比率は，1985年には56，1991年から93年にかけては3年連続して48という数値であった。同数値が50というのは，社会福祉給付費が社会保険給付費の半分ということであり，この期間においては，社会保険の充実によって社会福祉が社会保険・社会政策の補充策として（のみ）機能していたという判断は，一定程度妥当性をもつものであろう。

もちろん，1983年の老人保健法の施行によって，上記の老人医療費無料制度が廃止され定額一部負担制が導入されたことなど，つまり，社会福祉が後退した側面もあることは見逃されてはならない。しかしながら，以下に記述するとおり，少なくとも現在（2000年以降）の状況と比較すると，社会福祉による代替の範囲と分量は相対的に小さかったものと判断できよう。

(3) 2000年以降における代替性の拡大

① 社会福祉給付費比率の変化

2000年に63であった社会福祉給付費比率は，2006年に初めて90に達し，2008年には96，2010年には過去最高の98を記録している。社会保険給付費と社会福祉給付費がほぼ同額になったということである。

この間，社会福祉諸制度の拡充が行われたことも一面においては事実ではあろうが，以下に指摘するところの，この数値変化に貢献している個別制度給付費の変化をあわせて考えると，この「98」という数字は，必ずしも社会福祉制度の内容的充実を意味するのではなく，むしろ，社会福祉の社会保険に対する代替性の拡大を意味すると言えよう。

② 雇用保険給付費対生活保護給付費

まずは，労働者の失業時所得保障（補償）の社会政策的対応である雇用保険制度と，その原因を問わない日本における「最終的な」所得保障制度である生活保護制度との関係に着目することとする。

表２－１および図２－１にみられるように，2000年に約２兆

7,000億円であった雇用保険給付費は2008年には１兆4,000億円にまで，約１兆3,000億円減少している。翌2009年には２兆7,000億円にまで回復しているが，2010年には再び減少している。その一方で，表２－２にみられるように，2002年に350万人を突破していた完全失業者は，2007年には250万人程度にまで減少したが，それが一時的な変化であったことは，2009・2010の両年にわたり完全失業者数が300万人を超えていることが示している[7]。ではこの大量の失業者の長期化する所得喪失状態に対する所得・生活保障は，いったい

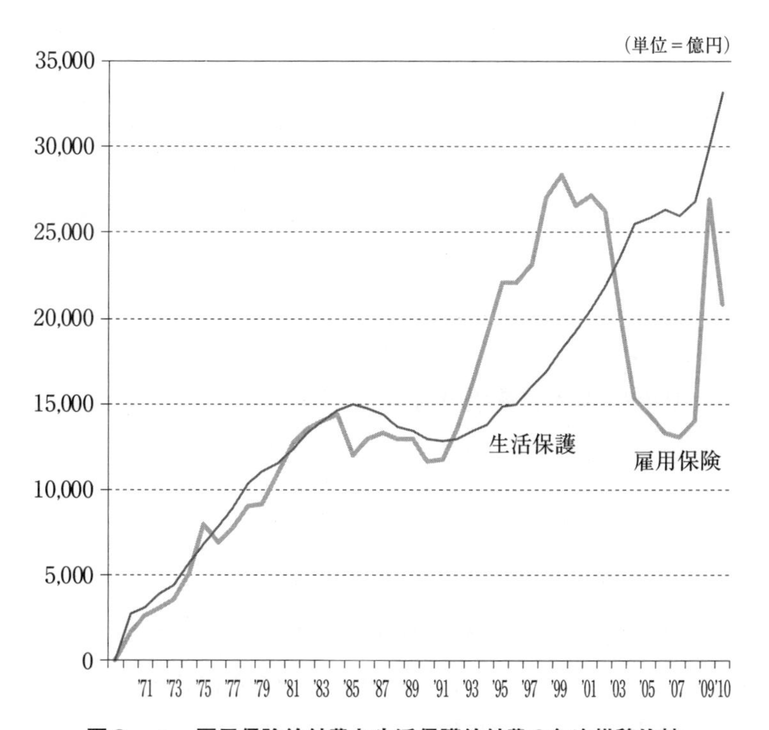

図２－１　雇用保険給付費と生活保護給付費の年次推移比較

出典）表２－１により著者作成

何によって担われたのであろうか。

数字は，生活保護制度が雇用保険制度を「代替」したという事実を示唆している。生活保護給付費は，2000年には2兆円にも達していなかった。しかし，2001年に2兆円を超え，2009年に3兆円を突破した。生活保護費が膨張しているのは，勤労国民の中で貧困層が拡大していることの，そして，勤労国民全体が貧困化していることの証左であると，もちろん考えざるを得ない[8)]。

しかし，重要なのはそれだけではない。労働者の失業による貧困の予防と失業時の所得保障（補償）という対策とは，本来できる限り社会政策によって担われねばならないのであって，日本でそれは具体的には雇用保険制度である。失業の拡大と長期化という事態にあって，雇用保険制度が十分に対応できず，その本来対応すべき部分を，社会福祉の中でも最終的最低生活保障制度である生活保護制度に転嫁している（代替させている）と考えざるを得ない。これが，「98」という数字が社会福祉の代替性拡大のあらわれであると，著者が判断するひとつめの理由である。

③ 被用者保険給付費対国民健康保険給付費プラス介護保険給付費

次いで，雇用労働者に対する医療・医療費保障制度である被用者保険制度，本来自営業者・農林漁業従事者を対象とする医療・医療費保障制度であるはずの国民健康保険制度，そして，高齢者の介護需要に対する「公的保険」（「社会保険」ではなく）による対応である介護保険制度，この三者の関係に着目することとする。

図2－2にみられるように，1996年に約9兆4,000億円であった被用者保険給付費は，2003年には約8兆円にまで，約1兆4,000億円減少している。2010年には，おおよそ96年水準にまで回復してい

るが，この間雇用者と完全失業者数の合計（現役賃金労働者，すなわち雇われなければ生計を維持できない人々。表２－２の「e＋u」）がほぼ順調に増加していることを考え合わせると，被用者保険給付費が順調に増加しているとは判断しがたい。

一方で，「順調に」増加しているのは，国民健康保険給付費である。2000年に約６兆円であった同給付費は，2006年には８兆円を超

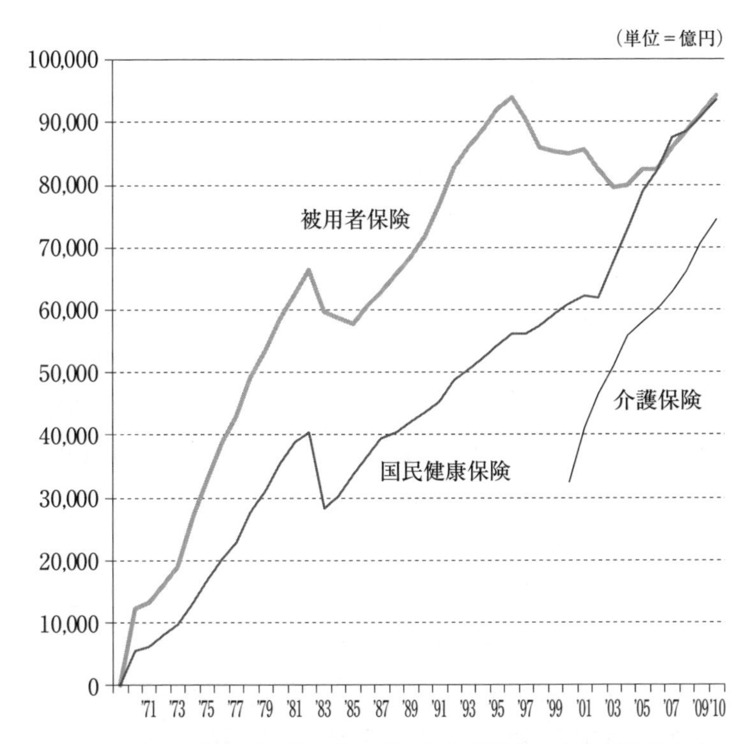

図２－２　被用者保険給付費，国民健康保険給付費，介護保険給付費の年次推移比較

出典）表２－１により著者作成

え，2009年には９兆円に達している。国民健康保険制度は，1938年の旧法にその源流をもち，現行法は1958年に制定されたものであって，もともと，都市の自営業者・農林漁業者など，非被用者のために用意された制度であった。

しかし，厚生労働省『国民健康保険実態調査』（各年版）によると，市町村国民健康保険の被保険者世帯において，被用者世帯数は，すでに2005年に自営業者世帯を上回っていた。さらに2007年においては，農林水産業従事者は3.9％，自営業者は14.3％にすぎず，その一方で，被用者の割合は23.6％を占めるに至っていた。残りは年金生活者などの「無業者」であり，国民健康保険制度は「年金生活者や非正規雇用者のための制度に変容している」[9] のである。被保険者に占める被用者の割合はその後さらに上昇し，前出の『国民健康保険実態調査』によると，2008年には33.7％，2009年には35.2％，2010年には35.3％に達している。

つまり，この国民健康保険給付費の伸びは，雇用労働者に対する医療・医療費保障をも国民健康保険制度が担っていることを意味するわけである。被用者保険制度が担うべき責任が国民健康保険制度によって代替されていると判断せざるを得ないのである。

今ひとつ注目すべきは，介護保険給付費の動向である。介護保険制度は，もともと老人福祉法にもとづいて行われていた「福祉の措置」（行政処分方式）を，財政方式としては「保険（公的保険）方式」に，提供方法としては「契約・利用方式」にあらためたものであると，一般には理解されよう。その一般的理解が正しいのであれば，介護保険制度の実施によって，老人福祉法にもとづく給付費は大幅に減少したはずであり，またそのことによって社会福祉給付費中の「社会福祉」の金額も大幅に減少したはずである。

ところが，介護保険制度施行初年の2000年において，介護保険給付費が約３兆2,000億円であるのに対して，1999年から2000年にかけて「社会福祉」の金額は約１兆1,000億円しか減少していない。もちろん，介護保険法の施行によって，潜在化していた介護需要が掘り起こされたことは十分に考えられるのであって，つまり，介護保険給付の大半は「新規分」と考えられてもよいわけで，介護保険制度が介護需要の顕在化に貢献したことには，肯定的な評価が与えられてもよかろう。

しかし一方で注目すべきは，同時期に被用者保険給付費が減少していることである。1999年から2000年にかけて被用者保険給付費は約300億円減少している。これは誤差の範囲内かもしれない。しかし，2001年にいったん約８兆6,000億円にまで回復した被用者保険給付費は，2002年と2003年に連続して約3,000億円ずつ，合計約6,000億円減少しているのである。これは，被用者保険で担っていた療養病床における長期入院などにかかる費用が介護保険に付け替えられたためである。

かつて，「福祉を医療が肩代わりしている」ということが一般によく言われていた。しかし，この「フレーズ」はあくまでもイメージを述べたものでしかなかった。「医療」を「被用者保険」ともし読むことができるなら，社会政策としての社会保険の中核である被用者保険制度が，介護需要にまでアウトリーチしていたという事実には，社会政策の拡大として大いに肯定的評価を与えられるべきであったわけである。ヨーロッパの例をあげるなら，たとえばオランダの「介護保険制度」は，医療保険給付の拡張部分としての「介護給付」である。

2000年以降，事実は「医療が福祉の肩代わりをしている」の逆になったわけであって，被用者保険で担われていた，すなわち資本も適正な負担をしていた（と考えられる）介護問題の解決が，介護保険という新たな「相互扶助的福祉保険システム」（まさに，介護保険制度は構想時には「社会保険」ではなく「公的介護保険」だったのである）によって肩代わりさせられることとなったのである。

要するに，被用者保険制度の責任に対する，国民健康保険制度と介護保険制度という相互扶助システムによる代替域が拡大したのである。

(4) 小　括

以上の事実認定をまとめて結論的に述べると，以下のとおりである。

1970年から1980年代前半まで，社会福祉給付費の社会保険給付費に対する比率は高まった。この上昇は，時期によっては代替性があらわれた部分もあろうが，全体としては生活問題対策の中の不在部分が社会福祉制度の充実によって一定程度解消されたためであり，社会保険の後退・他制度への転嫁のあらわれとは判断しがたい。

次の約15年間は，逆に社会保険給付費比率が相対的に高い。これは社会保険制度の充実の証左であり，この間社会福祉制度は，概ね，社会政策としての社会保険を補充する位置にあった。

一転して，2000年以降社会福祉給付費比率が急上昇し，高水準を維持する。この高水準は，全体としては今ひとつ明確にならなくとも，個別制度間の関係に着目・分析するならば，社会福祉の社会保険に対する代替性拡大の表出であると理解せざるを得ない。代替域の拡大によって，社会保障制度全体における資本負担は，少なくとも相対的には減少し，その負担は租税システムと「日本式公的保険システム（相互扶助的社会福祉保険システム）」によって勤労諸国民へと転嫁された。すなわち，社会保障制度において収奪性[10]が強まったということである。

代替性が高まることの問題は，ひとつめにまず上記の収奪強化の問題である。このことと並んで重要であるのは，社会福祉が本来の社会政策の補充という役割をこえて，社会政策が担うべき課題（労働問題と，労働問題に直接起因する生活問題）への対策という役割をも担わされることによって，十分に機能しなくなるという点である。「就労支援」という（いかようにも考えようとも職業訓練であると思われるが）社会政策が本来担うべき課題を負わされた生活保護制度が大いに混乱していることなど，そのあらわれである。

では，代替性はどのようにすれば縮小可能であろうか。次節ではこのことについて労働運動と社会福祉（社会福祉運動）との関係を基軸に考察する。

Ⅳ　労働運動の変容と社会福祉の代替性

2000年代において，就業者の雇用労働者化がさらに進行する。総務省統計局『労働力調査』を参照する限り，1970年以降，就業者に占める雇用労働者の割合が低下したことは一度もない中で，①雇用保険制度の絶対的・相対的縮小（表２－１，図２－１），②介護保険制度の創設とそれへの被用者保険給付の転嫁，③国民健康保険給付費増加分の健康保険給付費増加分の凌駕（表２－１，図２－２）などがみられた。これらのことと，この間の労働運動の変容とは，おそらく無縁ではない。

⑴　労働損失日数と社会保障給付費

労働損失日数とは，実際にストライキに参加した労働者の延べ人数に対する所定労働日数のことである。本章では，労働運動が活発であるかどうかを判断するための指標としてこれを用いた。現在の日本の労働者は，ストライキを展開せざるを得ない状況におかれているのではないかと，著者は考えるからである（後述）。

労働組合活動が活発であるかどうかを判断する指標としては，労働組合組織率が用いられることも一般には多いと思われるが，これは「運動」そのものが現に活発に行われているかの指標にはなりにくいと判断した。

表２－２をみると，1970年以降で労働損失日数が最高を記録したのは「国民春闘」が展開した1974年であり，約966万日である。最低は2005年の約5,600日である。そしてこの間，労働損失日数はほぼ一貫して減少している。しかしながら，この数値変化は今少し詳細に検討する必要がある。

注目されるべきは，労働損失日数の対前年変化と社会福祉給付費比率との関係である。表２－２をみると，1983年から1999年の17年間で，労働損失日数の対前年減少率が40％を上回ったのは，93年と96年の２回だけであった。その間の社会福祉給付費比率は，最高で56（1985年）にとどまっている。一方，2000年から2005年の６年間においては，労働損失日数は2001年，2004年を除いていずれも40％以上減少しており，この間の社会福祉給付費比率は，最低でも63

表2－2　労働運動・雇用者数・失業者数の推移と社会福祉給付費比率との関係

年	福祉計／保険計(大＝代替性：高)※	労働損失日数※※	労働損失日数対前年比(％)	雇用者数(万人)(e)	完全失業者数(万人)(u)	e＋u
1970	49	3,914,805	—	3,306	59	3,365
1991	55	6,028,746	154.0	3,412	64	3,476
1972	61	5,146,668	85.4	3,465	73	3,538
1973	67	4,603,821	89.5	3,615	68	3,683
1974	66	9,662,945	209.9	3,637	73	3,710
1975	67	8,015,772	83.0	3,646	100	3,746
1976	71	3,253,715	40.6	3,712	108	3,820
1977	69	1,518,476	46.7	3,769	110	3,879
1978	70	1,357,502	89.4	3,799	124	3,923
1979	71	930,304	68.5	3,876	117	3,993
1980	69	1,001,224	107.6	3,971	114	4,085
1981	67	553,726	55.3	4,037	126	4,163
1982	65	538,143	97.2	4,098	136	4,234
1983	55	506,873	94.2	4,208	156	4,364
1984	55	354,050	69.8	4,265	161	4,426
1985	56	264,054	74.6	4,313	156	4,469
1986	55	253,418	96.0	4,379	167	4,546
1987	51	256,100	101.1	4,428	173	4,601
1988	51	173,797	67.9	4,538	155	4,693
1989	50	219,592	126.3	4,679	142	4,821
1990	49	144,511	65.8	4,835	134	4,969
1991	48	96,445	66.7	5,002	136	5,138
1992	48	231,424	240.0	5,119	142	5,261
1993	48	116,003	50.1	5,202	166	5,368
1994	49	85,333	73.6	5,236	192	5,428
1995	50	76,971	90.2	5,263	210	5,473
1996	51	42,809	55.6	5,322	225	5,547
1997	53	110,171	257.4	5,391	230	5,621
1998	54	101,508	92.1	5,368	279	5,647
1999	54	87,069	85.8	5,331	317	5,648
2000	63	35,050	40.3	5,356	320	5,676
2001	67	29,101	83.0	5,369	340	5,709
2002	70	12,262	42.1	5,331	359	5,690
2003	76	6,727	54.9	5,335	350	5,685
2004	82	9,755	145.0	5,355	313	5,668
2005	85	5,629	57.7	5,393	294	5,687
2006	90	7,914	140.6	5,478	275	5,753
2007	95	33,236	420.0	5,537	257	5,794
2008	96	11,205	33.7	5,546	265	5,811
2009	94	7,492	66.9	5,489	336	5,825
2010	98	23,244	310.3	5,500	334	5,834

平均＝64

平均以上

50％未満

66％未満

〔数値出所〕
厚生労働省『労働争議統計調査』(各年版)
総務省統計局『労働力調査』(各年版)

※「福祉計／保険計」の列は表2－1の再掲

※※＝実際にストライキに参加した労働者の延べ人数に対応する所定労働日数

(2000年)，最高で85（2005年）を記録している。

その後，労働損失日数は増加をみせることがある（2007年においてプラス320％，など）が，いずれも「単発」にとどまっている。それは労働運動の弱体化，今少し中立的に表現しても沈静化の証左であろう。そして労働運動が低調である間，前述のように2006年以降も社会福祉給付費比率の上昇傾向にストップはかからず，2006年には90に達し，2008年には96，2010年には98（社会保険給付費と社会福祉給付費がほぼ同額）を記録した（表２－２)。つまり，労働損失日数，すなわち労働組合運動の強さ・活発さと，社会福祉の社会政策に対する代替性が，この約20年間の数値をみるかぎり，一定の相関をもっているということである。

もちろん，ストライキばかり毎日のように起こっていればそれでよいと言っているのではない。前述のように，大量の失業が長期化する状況にあって労働運動は，争議行為を頻発させるほどに活発とならざるを得ないのではないかと述べているのである。活発とならざるを得ないような状況にあっても，ストライキは2000年以降，少なくとも全体傾向としては減少している。

以上に述べた状況下で，労働運動において社会政策要求機能（制度的機能）のみが向上するとは考えがたい。労働運動がその力量，とりわけ社会政策要求機能についてのそれを低下させたときに社会政策としての社会保険が後退し，それに代わって，その部分を社会福祉が担わざるを得なくなった，と考えることは無理なことではなかろう。

では，労働組合，つまり労働運動を担う主体と，社会福祉・ソーシャルワークの職能団体，つまり社会福祉運動を担う主体とは，この，生活問題対策が危機に直面していることについて，どう考えているのであろうか。少なくとも労働組合側は，傍観しているわけではない。

(2) 生活問題と労働組合

たとえば，日本労働組合総連合会（「連合」）は，「働くことを軸とする安心社会」を標榜しながら，労働組合として生活問題への対応が必要であるとの認識を，活動・実行レベルに移している。全国労働組合総連合（「全労連」）も，全国各都道府県に「労働相談センター」を設置し，電話相談などで対応にあたっている[11)]。

連合の取り組みは，「ライフサポートセンター（LSC）」という機関の設置（2009年５月現在で40都道府県に設置）とその活動である。LSCは，生活相談等，勤労者のくらし全般にかかる支援事業を実施している[12)]。もっとも，生活相談等の活動は，本来の「狭義の社会政策要求」ではない[13)]。むしろ，社会福祉・ソーシャルワークの範疇に属する活動であって，労働組合が担わねばならない課題であると理論的に言えるかどうかについては議論があろう。しかし連合が，勤労国民の「働くことを基本に据えた地域生活」が危機にさらされていると認識していることは明確である。

したがって，LSCなどの活動は，社会福祉職能団体側の国民の労働問題に対する大いなる関心をもとにした制度要求（これへの対策そのものを自ら担うことは代替であって不可能であっても）などの運動とセットになるならば一定の意義をもつ。なぜならば，そのセットは，労働組合による生活問題対策ならびにその要求と社会福祉運動による労働問題対策要求とのクロスオーバーを意味するから

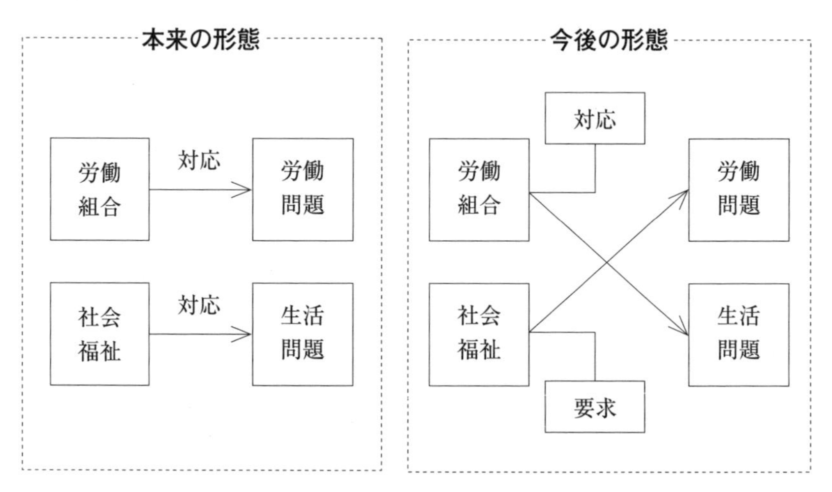

図２－３　労働組合と社会福祉運動の問題対応・制度要求形態

出典）著者作成

である（図２－３）。

⑶　労働問題と社会福祉職能団体

しかしながら，社会福祉職能諸団体の労働問題への関心はきわめて低い。すべての社会問題が，労働問題を基礎として引き起こされると理解することは極論であるかもしれない。しかし，労働問題がこの資本主義社会の基本的社会問題であり，多くの生活問題は労働問題から引き起こされると考えることは，本章冒頭に掲げた先行研究によって明らかであるし，またそうでなくても自然な理解であろう。

この日本で，就業者の80％以上が雇用労働者であり，雇用労働者と完全失業者の合計（雇われなくては生活が成り立たない人々）が

6,000万人近くに達し，自営業者・農漁民といえども，彼ら彼女らのほとんどは生産手段を有しているわけではなく，それら全体にその家族を加えると，国じゅうのほとんどが「勤労国民」であるという事実は，ここで今さら書き並べるまでもないかもしれない。これらの理解によって立つならば，労働問題への無関心は，すべての社会問題に対して無関心であることと同義であると言わざるを得ない。

社会福祉・ソーシャルワークの役割は，生活問題の一つひとつに対応しながら，それを生み出しにくい社会を具体的に展望するところにある。つまり「社会改良」を希求するのである。そしてその希求は，社会福祉専門職の視点をこの社会の基本的社会問題，つまり労働問題へと向かわせざるを得ないはずである。

ところが，日本の社会福祉職能諸団体の中で，「社会改良」をその団体の基本的役割として規定しているのは，日本精神保健福祉士協会など，ごくわずかである。日本社会福祉士会は，会員数3万5,000人を擁する日本の社会福祉専門職の職能団体中最大の団体であるが，その倫理綱領に「社会改良」の文字はない[14)]。日本ソーシャルワーカー協会にあっては，その倫理綱領中の「ソーシャルワークの定義」において「社会変革」という語が用いられているが[15)]，その定義にもとづいてどのような社会変革的行動がとられるのかについては，同協会の「定款」[16)] を参照しても明確でない。

社会福祉の側が，労働問題への関心と社会改良の視点をもち[17)]，生活問題対策へと踏み出し始めた労働組合と協働関係を強めることが，社会福祉の代替性の縮小と社会保障制度全体の生活問題対策としての充実のための今後の要諦である。

V 「失業手当」の意義

日本では現在，社会福祉の社会政策に対する代替性が，少なくとも本章における分析による限りでは，高まっていると判断することができる。そしてそのことによって，生活問題対策としての社会保障が，全体として行き詰まりと混乱をみせていると言わざるを得ない。「生活困窮者自立支援法」案が，2013年の通常国会で廃案[18]になったことなど，そのあらわれであろう。

社会政策機能の社会福祉による代替の象徴は，前述のとおり，国民健康保険制度による被用者保険制度の代替と，生活保護制度による雇用保険制度の代替である。とりわけ，後者の問題は深刻である。

近年，生活保護給付費の「伸び」が顕著である。生活保護制度を伸張させることに無理があるとするならば，現行制度体系において，雇用保険制度が生活保護制度を縮小させていくことができるほどに拡大することが可能なのであろうか。

社会保障制度のはじまりは，社会政策の生活問題対策への拡大形態としての社会保険（労働者保険）である。そしてそのひとつの中核は失業保険制度である。ヨーロッパ20世紀前半（戦間期）の，失業が大量発生し，しかも長期化するという事態において，失業保険はその財政を行き詰まらせ，破綻した。社会保険が深刻なレベルで限界（経済的限界）を露呈させたのである[19]。

その限界による失業問題対策の空白を補充したのが，救貧法から（直線的にではなく，複雑な経緯を経たうえであるが）発展した公的扶助制度であった。こうして，社会保険を公的扶助が補充するという形で，社会保障制度が成立したのである[20]。

したがって，現在の日本のように，失業が高水準[21]で長期化するという状況の下では，失業を給付対象とする社会保険制度，つまり雇用保険制度が拡大することは困難である。もっとも，規模を縮小してよいと言っているのではなく，雇用保険制度の規模縮小に対しては本文中でも批判したつもりであり，原則として，労働者の正規・非正規を問わず，例外なく適用されるべきであると考える[22]。

ただ，雇用保険制度が可能な限り拡大しても，現在の雇用・経済状況においては，失業問題対策において残存する空白部分を，生活保護制度だけで補充することは困難なのではないかと考えるのである。生活保護制度は，一般扶助主義を採用しながらも，「保護の補足性」の原理の中で「資産・能力の活用」を要件にするなど，稼働能力者を給付対象とすることを，少なくとも制度創設当初は想定していない。

この，雇用保険制度・生活保護制度双方の不十分さを指摘したうえでの，新たな生活・所得保障システムの提言に関わる研究は2000年代前半からみられる。

たとえば，布川（2003）は，ドイツの失業者に対する社会扶助改革と連動した労働市場改革の現状を紹介しながら，就労支援が就労の強制にならないかという論点[23]を提示している。また嶋貫（2004）は，布川の議論も参照しながら，一方で雇用保険・他方に生活保護という「二分法」を批判したうえで，イギリス「求職者手当制度」の例を参照しながら，「失業扶助」の創設を提言している[24]。さらに，田畑（2006）もドイツを例にあげ，この国の「雇用政策こそが社会政策の中心にならなければならないという考え」[25]にもとづく失業保障制度改革（失業扶助と社会扶助の統合）を参照しながら，稼働能力の判定を曖昧にしたまま生活保護制度の枠内で行われる日本の就労支援のあり方を批判している[26)]。

本章における主張もこれらと共通する。ここでの主張が上記の諸研究と異なるのは，失業手当・失業扶助が創設されるべき根拠に，社会保険が経済的限界を有するという点と，社会福祉・生活保護が「最終的・最小限の最低生活保障」の位置で働かないとき十分にその機能を発揮できない点とを強調するところにある。

失業保険をひとつの中心とする社会保険を補充するのは，ヨーロッパの例とそれに関連する諸研究を参照するなら，まず第一に社会扶助（社会手当，失業手当）であるべきである。しかしながら，日本には失業を対象課題とする社会手当制度が不在である[27)]。社会保険の経済的限界性を直接に（第一番めに）補充する社会手当・失業手当制度を整備し，それが，生活保護以前に，失業による所得喪失問題に対応することが必要であろう[28)]。そしてそうすることによって，生活保護制度は，はじめて「最終的・最小限の最低生活保障」の位置でその内的充実を希求することが可能となろう。

誤解のないように付言しておくと，「最終的」や「最小限」という用語を著者が用いるのは，社会保障制度における生活保護制度の役割を軽視しているという理由によるのでは全くない。著者は，たとえば，相澤（1991）や工藤（2003）が主張するような，生活保護制度は社会保障制度に，さらに言うと，資本主義経済体制に「深く組み込まれた」システムであるとする見解[29)]に強く賛同するし，生活保護制度が機能することなしに社会保障制度も資本主義経済システムも機能しないと考える。

ここでは，生活保護制度を含む社会福祉制度が「最小限の補充」

という本来の役割にとどまることによって，その内容をより充実させることができると，つまり，本来担うべき以上の責任を負わせてはならないと主張するのみである。そして，重荷から解放された生活保護・社会福祉が内的充実を希求することによって，社会保障制度全体はその水準を向上させることとなろう。

〈注〉

1）孝橋〔1972〕pp.66-67等参照

2）資本が負担すべき部分が「国民一般」に解消されてしまうということである。

3）工藤〔2003〕pp.150-151等参照。ちなみに著者は，社会保障費用は，第一義的に使用者が負担しなければならないと考える（工藤〔2003〕pp.140-141参照）。社会保障とは，基本的には労働力商品化の矛盾によって生じる生活問題が，個人の責任（自助）によって解決不可能であることを前提とした社会的施策であるから，問題の根源たる「労働力の使用」により利益を得る資本家階級が，社会保障費用については第一義的に責任を負うべきであるという主張である。

4）木村〔2011〕pp.154-158参照

5）つまり，社会福祉が社会政策の「肩代わり」をしている部分が拡大していること。

6）孝橋〔1977〕p.111，三塚〔1997〕p.128，木原〔2007〕p.144参照

7）本書の表には掲載できなかったが，『労働力調査』の「速報」によると，完全失業者数は，2013年７月で約250万人である。この数字に対しては，欧米に比し良好な状態であるとの評価もあろう。しかし，日本のこの『労働力調査』を担当する総務省は，１ヵ月のうち１週間でも働いた者を「就業者」と定義しており，この定義を考慮に入れるならば，失業率が「良好な状態」とは決して言えないと著者は考えている。

8）そう考えなければ，いったい誰が貧乏なのかわからない。

9）中川〔2009〕p.80

10）本書に言う「収奪性」については，注2）参照

11）全労連ホームページ（http://www.zenroren.gr.jp/jp/sodan/index/html）参照（2015年11月2日アクセス）
12）中村〔2010〕pp.160-161参照
13）事の善し悪しは別として，全労連の労働相談活動の方が本来の労働問題対策に近いといえよう。
14）公益社団法人日本社会福祉士会ホームページ（http://www.jacsw.or.jp/01_csw/03_kokai.joho/common/03_shibutbetsukaiin.html および http://www.jacsw.or.jp/01_csw/05_rinrikoryo）参照（同前アクセス）
15）特定非営利活動法人日本ソーシャルワーカー協会ホームページ（http://www.jasw.jp/rinri/rinri.html）参照（同前アクセス）
16）特定非営利活動法人日本ソーシャルワーカー協会ホームページ（http://www.jasw.jp/teikan/teikan.html）（同前アクセス）
17）木原〔2007〕pp.145-146参照
18）その後，同年10月に成立している。
19）木村〔2011〕p.24参照
20）木村〔2011〕p.25参照
21）注7）に記したのと同様の理由で，である。
22）菅沼〔2010〕pp.114-115参照
23）布川〔2003〕p.15参照
24）嶋貫〔2004〕pp.95-101参照
25）田畑〔2006〕p.5
26）田畑〔2006〕pp.5-14参照
27）木村〔2011〕p.146参照
28）埋橋〔2010〕pp.12-14参照
29）相澤〔1991〕pp.104-106，工藤〔2003〕p.60参照

〈引用・参考文献〉

相澤與一〔1991〕『社会保障の基本問題』未來社
埋橋孝文〔2010〕「『参加保障・社会連帯型』社会政策を求めて」埋橋孝文・連合総合生活開発研究所編『参加と連帯のセーフティネット―人間らしい品格ある社会への提言―』ミネルヴァ書房，pp.1-21
木原和美〔2007〕『医療ソーシャルワーカーのための社会保障論：こころとからだと社会保障』勁草書房

木村敦〔2011〕『社会政策と「社会保障・社会福祉」—対象課題と制度体系』学文社
工藤恒夫〔2003〕『資本制社会保障の一般理論』新日本出版社
厚生労働省保険局〔各年版〕『国民健康保険実態調査報告』
厚生労働省〔各年版〕『労働争議統計調査』
孝橋正一〔1972〕『全訂：社会事業の基本問題』ミネルヴァ書房
孝橋正一〔1977〕『新・社会事業概論』ミネルヴァ書房
国立社会保障・人口問題研究所〔各年版〕『社会保障給付費』
嶋貫真人〔2004〕「失業時生活保障システムの再構築—公的扶助と雇用政策の交錯—」『沖縄大学人文学部紀要』第5号，pp.87-105
菅沼隆〔2010〕「参加保障型雇用保険の構想」埋橋孝文・連合総合生活開発研究所編『参加と連帯のセーフティネット—人間らしい品格ある社会への提言—』ミネルヴァ書房，pp.103-119
総務省統計局〔各年版〕『労働力調査』
田畑洋一〔2006〕「ドイツ労働市場改革と最低生活保障給付の再編—失業扶助と社会扶助の統合—」『鹿児島国際大学福祉社会学部論集』第24巻第4号，pp.1-15
中川秀空〔2009〕「国民健康保険の現状と課題」『レファレンス』平成21年8月号，pp.77-95
中村圭介〔2010〕『地域を繋ぐ』教育文化協会
布川日佐史〔2003〕「ドイツにおける労働市場政策改革の現段階」『静岡大学経済研究』第7巻第3・4号，pp.273-287
三塚武男〔1997〕『生活問題と地域福祉—ライフの視点から』ミネルヴァ書房
連合総合生活開発研究所編〔2013〕『地域福祉サービスのあり方に関する調査研究報告書』

第3章

労働問題・労働運動と社会保障

〈要　旨〉

生活保護制度は，社会福祉において，さらには社会保障制度全体において，「最後のセーフティ・ネット」である。そして，現に生活困窮状態にある者を対象とする。現に生活困窮状態にある者の多くは，当面賃金労働に従事できないことが少なくない。そのことが手伝ってか，「生活保護給付の水準は賃金や社会保険給付より低くあるべきだ」という考えは，世の中の風潮であるだけでなく，政策の基調にまでなっているように思われる。

しかし，社会保険をひとつの中心とする社会政策を補充する位置にある，生活保護を含む社会福祉の低位性は，実は社会保険給付の水準，さらに賃金水準をも低下させる役割を果たす。本章の目的のひとつはこの連動のメカニズムの論証である。

そのメカニズムに関して著者はこれまで，主として孝橋正一の議論を参照しながら，社会福祉が社会政策の補充策としての役割を超えて代替物として働かされるとき，社会福祉そのものだけではなく生活問題対策としての社会保障全体の劣化が進むことを，一定程度論証してきた。

振り返って過去の社会保障をめぐる議論をみてみると，社会福祉と社会保障の関係について，孝橋と同じく社会科学的であっても，少しく異なった理解のもとに進められた理論もあった。本章で取り上げる坂寄俊雄は，生活保護を社会福祉に含めて，それが社会保険を補充して生活問題対策体系としての社会保障が成立すると論じたのではなく，歴史的には社会保険が部分的にであっても救貧的性格を有する社会扶助へと転落し，社会保険と社会扶助が統合されて社会保障が成立し，社会福祉はその社会保障を「補足」すると論じた。

本章では，この，孝橋らとは若干異なる論法にもとづく社会保障理論を参照することによって，社会保険，現在の日本の社会扶助制度である生活保護，社会福祉の相互の関係を明確にする。そして，社会保障とは「どのような生活問題対策なのか」を明らかにし，社会保障と社会福祉の関係について考察するための示唆を得たい。

Ⅰ　坂寄俊雄の社会保障論を取り上げる意義

社会福祉は，社会保障制度の一環である。そのことを理由として，著者はこれまで，社会保障制度全体における社会福祉の位置と役割について検討してきた。また，社会保障全体が，社会問題対策体系全体においてどのような位置を占め役割を果たすべきであるかについても，若干の検討をしたが，この作業はいまだ不足している。

そこで本章においては，社会保障が，社会問題対策たる社会政策と，また一般公共政策とどのような関連をもつのかについて検討することとしたい。それは，対象課題の問題として把握するなら，社会問題全体の中で，社会政策がその対象とする課題と，社会保障が対象とする課題とはどのように異なるのかについての検討ということもできる。

著者はこれまで，主として孝橋正一の所論を参照しながら，社会問題と呼ばれているものの構造について少しく検討してきたつもりである。その検討の中では，資本主義社会の構造矛盾がいわゆる労働問題を生み出し，労働問題が，派生的・関連的にいわゆる生活問題を生み出すのであるということが一定程度明確となった。

そこで本章ではその検討結果を踏まえて，労働問題を対象として行われる社会政策が，どのような理由でどのような限界を有するのであって，そして労働問題のいわば外延として生み出される生活問題が，それへの国家的・国民的対策としての社会保障を必要とするのはどのような理由によるのであるかという点を考察し，社会保障と社会福祉の関連について検討するための示唆を得たい。

そのために本章では，坂寄俊雄の社会保障理論を参照することとしたい。それは，坂寄が労働問題研究を基礎において社会保障の研究を進め，かつ，社会政策から社会保障への「発展」の根拠について明確に論じ，そして，社会保障と，私たちが言うところの「社会福祉」との関係についても考察した研究者だからである。さらにもうひとつの理由は，坂寄の社会保障論が，これまであまり社会福祉の研究において取り上げられてこなかったことである。

Ⅱ　坂寄社会保障論の系譜

坂寄俊雄は，1916年に生まれ，京都帝国大学経済学部で学び，社会政策を専攻した。自身の言では，1939年に入学し，1942年に卒業している[1)]。著者が再三にわたり取り上げている孝橋正一とそこまでは同じ経歴である。また，おそらく蜷川虎三博士の統計学の影響を受けているものと判断されるところも孝橋と同様である[2)]。さらに，後に述べるように，社会保険の生成契機を窮乏化理論をもとに説明するところなどは，同じく社会政策の大家である岸本英太郎の理論と共通する部分もある。「京大風」とひとくくりにすることには無理があるかもしれないが，学風であるかもしれない。

実証を重視したことも坂寄社会保障論の特徴である。戦時中に統計学の碩学から学んだことの影響であろうとともに，これまた「京大の経済」の特徴でもある。

1940年代から50年代にかけて，「社会政策を専攻する」とは，まず労働問題について研究することであった。坂寄も例外ではなく，労働問題研究からスタートし[3)]，そのなかでは労務管理論までをも取り扱った。後に立命館大学経営学部に勤務するが，それは偶然ではない。そして，労働問題研究を土台に，19世紀的社会政策と「社会保障」との関連，そういった意味での社会保障の政策としての必然性に関する研究へと進んだ。

社会保障を研究するうえで，坂寄は幅広い対象領域を取り扱った。主著『社会保障』においても，公的扶助，医療保障，家族，障害と，多くの領域・分野が網羅的に取り上げられている。しかし坂寄は，単なるさまざまな制度の説明に終始したのではない。そうではなく，社会保障の対象を「社会的な生活上の事故・起伏」[4]と規定したうえで，その「起伏」が国家的保障の対象とならなければならない理由について考察したのである。

したがって，たとえば「障害者に対する社会保障」というときに，私たちが想定しがちな，「①障害者に対する所得保障，②障害者福祉サービス」という機械的な分離にもとづく制度「体系」を想定したのではない。その意味では，坂寄は「社会福祉学者」ではないかもしれない。

しかしながら，現在では社会福祉の範疇内で把握されている，救貧制度にその源流をもつ社会扶助（日本においては生活保護制度）を社会保障の重要な構成要素として把握したという点においては社会福祉研究者であり，またその把握の方法はきわめて示唆的である。ゆえに，坂寄社会保障論を再検証することに意義がある。社会福祉を社会保障から分離して考えることから私たちは，理論的にも実際的にも多くを得ないのである。

Ⅲ　坂寄社会保障論の要諦

(1)　そもそも「社会保障」とは何か

坂寄の行った社会保障の定義としては，まずきわめて簡潔なものとして，「生活上にひきおこされる事故・起伏に対する社会的な，また優れて国家的な措置」[5] とするものがある。この定義は，ILOの『社会保障への道』が，社会保障を，社会保険と社会扶助が結合・統一されたところに誕生した「新しい理念にもとづく制度」と表現したことへの批判の中にみられる。

すなわち坂寄は，社会保障を，社会保険と公的扶助・社会扶助が結合して統合された形の，いわば「新型保障」ととらえることに反論し，「救貧制度，社会保険制度，社会保障制度はその本質を同じくする社会保障の一連の制度」[6] であると述べたのである。

その理解からは，「社会保障と社会保障制度とは異なる」という見解が導き出される。少々難解ではあるが，この点に関する著述を引用してみる。

> 社会保障とは何かといった場合，まづ問題にしなければならないのは社会保障を一定の制度として，すなわち（中略）1935年以降すぐれて第二次世界大戦後に資本主義国で実施された一連の体系的に整備されようとした綜合的な制度として考えて概念規定をするのかということである。このような一連の制度として社会保障を考えて，すなわち社会保障制度として考える人びとが多いのであるが，私は社会保障を社会保障制度として考えることに現在のところ賛成ではない。というのは社会保障の

諸政策が比較的進んでいるイギリスその他のヨーロッパ諸国の具体的状況をみた場合，各国において相当大きな相違がみられ，統一的にとらえて社会保障制度とはこのようなものであると即断しえないからである[7)]。

「社会保障制度」とは，現実の，具体的な制度そのもの，また制度の実態のことであり，「社会保障」とは，歴史的に形成されてきたシステムと，そのシステムを規定してきた，また規定している考え方である，ということであろう。そう考えるならば，「現実の制度」は引用文の時代（1960年代）にはヨーロッパ諸国においても千差万別であったわけで，その実態から概念を抽出することは不可能であると述べたのであろう。そのことを端的に言い換えると「社会保障制度と社会保障とは違う」となったのであろう。

⑵　救貧と社会政策が社会保障へと「発展」しなければならなかったのはなぜか

①　相互扶助から社会保険へ

ではその次に問題となるのは，19世紀初頭までの資本主義社会において，救貧制度と相互扶助が，まがりなりにも貧困に対応できていたのに，なぜ19世紀後半になって相互扶助・集団的自助の国家制度化である社会保険が誕生しなければならなかったのか，である。

社会保障の制度的前提は社会保険の存在である。そこで坂寄は，相互扶助から社会保険への発展の必然を，労働者の貧困化の理論（いわゆる「窮乏化〔貧困化〕法則」）を用いて説明している。

坂寄の言う「事故・起伏」が，すべて個人または個人の延長という意味での集団で解決されるのであれば，国家的保障である社会保障は必要ではない。資本主義社会以前の社会においてはもちろんのこと，労働者が自らの労働力を商品として販売しなければ生きていくことができない資本主義社会においても，販売の結果得られる代金である賃金が，必ず生活を保障してくれるものであるならば，国家的保障は必要ない。多少の「事故・起伏」に対しても，労働者間相互の自主的共済制度のようなもので事足りる[8)]。

しかしながら，資本主義社会における生産が進展すると，機械化が進行し，「不熟練労働者や婦人・年少労働者の広汎な採用と生産性の増大による労働者の相対的な過剰」[9)]，要するに相対的過剰人口が増大する。相対的過剰人口の存在は，普通に働く労働者たちの労働条件，とくに賃金を低下させる。賃金が全体として生活水準を下回るようになると，相互扶助システムは事故・起伏に対応できない。

たとえば，イギリス労働者の共済制度であった友愛組合においては，19世紀も中頃となると，「共済事業の内容も多様化し，組合員ばかりではなく家族の病気や老齢などへの給付，遺族の生計補助，生活難に対する補助なども行われるようになった」[10)]。しかし，共済・助け合いのために労働者は，当然拠出を必要とするのであるし，事業の拡大は労働者の負担の増大を意味する。であるから，友愛組合の加入者は「その負担にたえうる賃金収入のある熟練労働者」[11)]に限定されたのである。不熟練労働者こそ労働条件が劣悪であり，生活上の事故・起伏に遭遇する危険が大きかったにもかかわらず，彼らは共済制度の埒外におかれたのである。

そこで，不熟練労働者を中心とする労働者階級は，労働運動を本格的に展開するようになる。「賃金その他の労働条件を改善するための斗う労働組合」[12]が求められたのである。その運動の一環に社会保険制度の要求があった。そして，その要求に国家は，イギリス国民保険法（1911年）のような形で，一定程度こたえざるを得なかった[13]。社会保障が，社会保険をひとつの重要な中身としている以上，社会保障もまた労働者階級の貧困化を経済的契機としている[14]。

まとめて坂寄は，社会保険を，①制度的には相互扶助の国家的強制であるが，②社会的には「労働者の窮乏化への賃金その他の労働条件改善の斗いに対する独占資本のその面での譲歩の回避策」，と定義した。

以上が，坂寄の言う，労働者の窮乏化・貧困化と社会保険との関連である。

② 社会保険の救貧制度化：「社会保障」の誕生

では，20世紀になって，救貧の発展形態である社会扶助と社会保険とを中心的要素として社会保障が誕生しなければならなかったのはいかなる理由によるのか。

世界恐慌後のイギリスでは，失業者が，1930年には207万人，31年には280万人，32年には292万人を数えた[15]。社会保険，とりわけ失業保険の財政は当然極度に悪化した。資本家たちは，失業保険拠出の増大に反発した。そこで政府は，失業保険給付の例外的措置である「過渡的給付」（無拠出給付）に資力調査を設けた。資力調査が実施されるようになると，失業者は，すでに困窮状態になっていないと過渡的給付を受けることができなくなった。現に困窮している者にしか給付を行わないというのは，社会保険ではなく救貧である。したがって，この段階で社会保険と救貧とが結合した，または，社会保険の一部が救貧制度化したと言えるのである[16]。

そして，イギリス政府は1934年に「失業法」を制定し，その第一部を「失業保険」，第二部を「失業扶助」とし，あわせて，資力調査を厳格化し，さらに失業保険財政システムを強化した[17]。制度的にも社会保険と救貧制度が結合したのであり，このような，社会保険を救貧のレベルに転落させてのそれらの結合が，坂寄によると社会保障の誕生である[18]。言い換えるとそれは，「生理的な最低生活水準における保障の体制化」[19] である。

しかし坂寄は，現代の社会保障が，このような「手から口への」水準（「サブジスタント・レベル」）にとどまってよいとしているのではない。坂寄は，社会保障は「差別的なものでもなく，統一的なものであり，市民的権利としてのもの」[20] でなければならないと述べた。その水準は「労資の階級関係によって左右される」のであって，したがって，労働運動が社会保障の水準向上のために重要であるとした。坂寄は，失業法制定時にも，時の首相ボールドウィンが「奇妙なヒステリーと恐慌の状態」[21] と悪態をついた労働運動を中心とする大衆運動が展開したことを指摘している。

坂寄は，「労働と社会保障」というとき，社会保険を誕生させる前提が労働者の窮乏化であるという点と，社会保険の救貧への転落である社会保障の水準を向上させる動因が労働運動であるという点との，２つの点を指摘した。

③ 日本の労働運動と社会保障

以上のような，労働者の窮乏化が社会保障の前提であるという観点からは，賃金その他の労働条件と社会保障とは統一的に把握されなければならない。

坂寄は1955年の段階ですでにこのことに言及している。すなわち，社会保障の「推進運動の中心であるべき労働組合は，賃金斗争と社会保障とを，必ずしも正しく結合することができず，また，各労働組合は社会保障の要求を統一斗争として盛り上げることが全く不十分であった」[22]「社会保障確立の運動は，労働組合以外の各種団体において，ばらばらに行われてきた」[23] とまず現状を批判的に指摘する。そして，そういった「現状を打開するには労働組合が平和への斗いを中心にして，どのように社会保障の斗いを位置ず(ママ)けていくか」[24] が重要であって，また，「各種団体の側においても，積極的に，この運動を労働組合の運動に結集していく努力をはらう必要がある」[25] と指摘する。

Ⅳ　労働運動と社会保障・社会福祉

坂寄は，社会保障を社会保険制度と生活保護制度との統合であるとした。そして，その社会保障を「補足」するものとして「社会福祉」をとらえた[26]（図３－１）。現在の社会福祉の研究における，生活保護制度を社会福祉の範疇にとらえる一般的方法とは異なる。

しかし，生活保護を社会福祉内部の制度と把握しても，外部のものととらえても，社会福祉が社会保険を補充するものであると考えても，社会保障を補足するものであると理解しても，いずれにしても坂寄の社会保障論は社会福祉の研究にとって示唆的である。

坂寄社会保障論によるならば，社会保障において，社会保険が「救貧」の水準にまで押し下げられることがあってはならない。ま

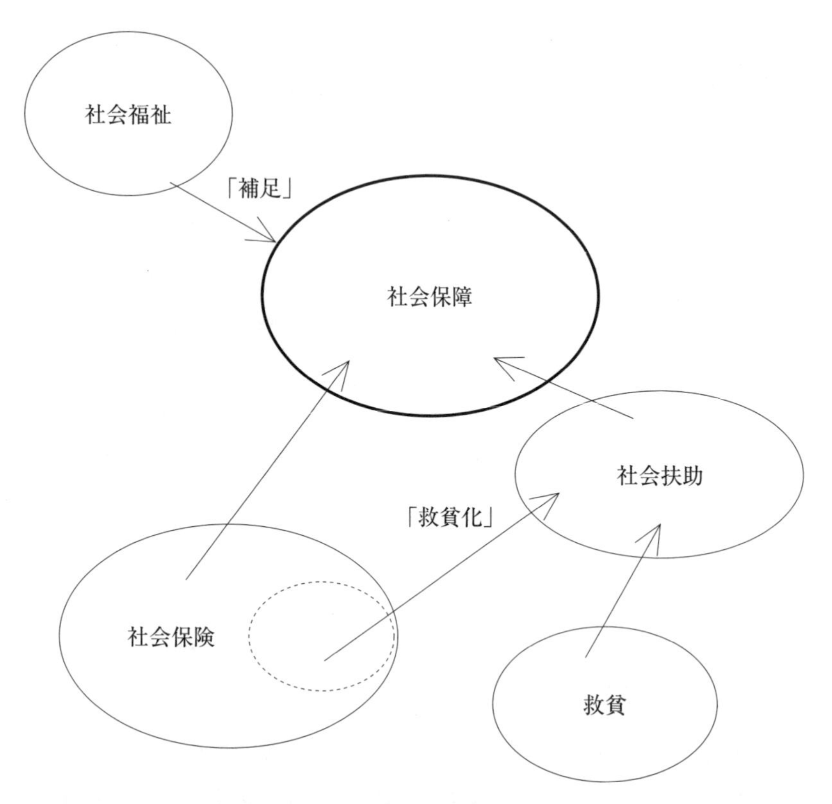

図３－１　坂寄社会保障論における社会保険・社会扶助・社会福祉の関係

出典）著者作成

た，社会保障体系の中で，社会保険だけがひとり高水準であって，救貧（と慈善事業と）を源流にもち，社会扶助領域（と社会事業領域と）を具体的な構成要素とし，現在では社会福祉と呼ばれている分野だけが低水準であるということもあってはならない。社会保障が，社会保険と社会扶助（とその延長線上にある社会福祉）が「統一」された「発展形態」である限り，その両者がともに，生存レベル（サブジスタント・レベル）での給付ではなく，「健康で文化的な最低限度の生活」を保障するものでなければならない。

しかしながら社会保障，とくに社会福祉の水準は，とりわけ生活保護分野において，上述のとおり労働運動を中心とする社会運動と政策との力動関係によって，日本の戦後においてしばしば引き下げられてきた。

(1)　生活保護に関して：「朝日訴訟」をめぐって

労働運動・社会運動の成果としての社会保障水準の向上部分を，政府はつねに奪回しようとする。その奪回は，「もの言わぬ人びと」から奪回する方が為政者にとっては容易である。そのような理由でターゲットとなってきたのは，第一に生活保護分野である。

①「朝日訴訟」の概要

岡山県立療養所に重症の結核によって長期入院中であった朝日茂氏は，兄からの扶養金員1,500円を収入認定し，生活保護費のうち生活扶助（入院患者についての日用品費）の減額（600円[27] から０円への減額。すなわち廃止）を決定した1956年７月の岡山県津山福祉事務所長の決定を不服として，岡山県知事に対して審査請求を行った。審査請求は却下され，朝日氏は厚生大臣（当時）に対して再審査請求を行ったがこれも却下された。

朝日氏は，この厚生大臣の再審査請求却下行為を不服として，また，厚生大臣が行う「生活保護法による保護の基準」（「保護基準」）設定行為を違法・違憲であるとして，1957年８月，東京地方裁判所に行政訴訟を提起した。これが朝日訴訟である[28]。

1960年10月の第１審東京地方裁判所判決で原告は勝訴した。その判決において重要であったことは，生活困窮者やいわゆるボーダー・ライン層の「現実の生活水準」をもってそれを「健康で文化的な最低生活」の水準であると理解してはならない，と判決文に明記されたことであると坂寄は指摘している[29)]。

被告・厚生大臣・政府は，第１審判決を不服として東京高等裁判所に控訴した。1963年11月の判決は厚生大臣側勝訴であった。この控訴審判決後の1964年２月，朝日氏は死去した。裁判は，朝日氏の養子夫妻に引き継がれ，上告審へと持ち込まれた。しかし最高裁判所は1967年５月，原告・朝日氏の死去によって訴訟は終了していると判断し，朝日訴訟は一方的に終了させられた。

② 朝日訴訟に対する坂寄の理解

10年の長きにわたる訴訟の中で，坂寄が，問題または意義があり重要であると指摘したのは以下の２点である。

一点目は，訴訟の中で再三政府側が主張してきたのは，「生活保護は他の社会的施策と比較して低水準で当然である」と認識していた，という点である。控訴審において政府は，生活保護の基準（「保護基準」）を引き上げるのであれば，それを基準に算定している諸基準，つまり，失業対策賃金，「社会保障」関係の給付基準，「福祉の措置」の基準，年金水準等も引き上げなければならないので，保護基準は引き上げられない，と主張した[30)]。坂寄にとって，この主張は，生活保護の他の諸施策，とりわけ生活保護以外の「（坂寄の言う）社会保障」に対する低位性を事実上追認したものであるとして問題視された。

第二の点は，訴訟を推進したのが労働組合であったという点である。朝日訴訟は，結果として原告・朝日氏側の敗訴に終わっている。しかし，得たものも多かった。たとえば，第1審判決後の1961年の改訂で，保護基準は大幅に（生活扶助で対前年比プラス18%）引き上げられた[31)]。労働組合を中心とする運動が成果をあげ得たという点が，坂寄の，社会保障水準の向上に資するのは第一に労働組合を中核とした運動であるとする理論を裏打ちしたことになった。

③ 著者のコメント

以下，上記2点について若干のコメントを残しておきたい。

まず第一の点についてである。保護基準にあわせて他の社会保障給付の水準が引き下げられることは無論あってはならない。一方で，社会保険の給付，たとえば所得保障の分野で一例をあげるならば厚生年金保険の給付の水準が，生活保護の水準と「全く同じ」になることもまた，理論的にはそうなることが正しいと考えるべきではあるが，現実的には起こりえないのかもしれない。しかし，社会保険（労働者保険）と比し生活保護の給付が低く「あるべき」と考えることは何を意味するか。

生活保護の水準が低く抑えられるべきという考え方は，かつての救貧法における「劣等処遇の原則」と全く同じである。救済の水準は最底辺の労働者の賃金水準よりも低くあるべきと考えられ，それが救貧の第一準則であった。そして劣等処遇の原則は，賃金労働者の労働条件を低劣なレベルにおしとどめたままにすることと，一時的な失業状態にある労働者を労働力の急迫販売（どんな仕事でもいいから仕事に就こうとすること）に駆り立てることに大きな役割を果たした。

しかも，この劣等処遇観は，政府側だけにではなく，国民の間にも，さらには生活保護受給者の状況をよく知り得ていたはずの人たちの間にもひろがっていたという。たとえば，朝日訴訟当時に岡山療養所で勤務していた看護師（当時「看護婦」）の，以下のような言葉がある。

> 「病気が悪いのだから，あんなこと[32]をしなくてもよいのに，患者さんは私たちより，ごちそうを食べている[33]のに不平ばかりいっている。全くぜいたくな話だ。じっと寝ていて，月々600円でももらえればよいではないか。私たちのように毎日忙しく働いて，人の嫌う結核患者の痰や，ふんや尿を始末しても，月給は安くて，ピイピイなのに，ほんとうに患者さんは文句ばかりいっている。」[34]

病気であるという点だけをもってすでにその人は不利な条件にある。しかも朝日氏のような長期入院患者の場合などは，生活保護によって生きるしか方法がない。一方で看護師たちは働いている。「安月給で……」と嘆息を漏らす。実にそのとおり安月給であったのだろう。そして，安月給の看護師という労働者が，重症結核患者という被保護者を攻撃する。この構造をどう考えるべきであろうか。

朝日訴訟は1950年代から1960年代にかけて展開した。しかし現在の労働市場の状況に照らし合わせて考えても，示唆的である。

不安定雇用労働者が増大する一方にある状況で，劣等処遇の原則が貫徹させられるなら，不安定雇用労働者は，安定的な常用雇用労働者になるための準備を十分にするよりも，何でもいいから働こうとするであろう。生活保護以外の失業者に対する所得保障（雇用保険制度にもとづく給付など）が十分に機能していない現状では，就職の準備のためには生活保護制度によって支援を受けるしかないが，劣等処遇原則によって生活保護の水準が非人間的なレベルにおしとどめられているとすれば，そんな非人間的な扱いを受けるぐらいなら「日銭」を手にする方法を失業者は選択するであろうからである。

不安定雇用労働者とは，要するに半失業者である。劣等処遇観は，半失業者を増大させその規模を維持することに寄与する。現在の社会保険制度は，半失業の状態にある労働者を原則として包括していない。不安定雇用労働者の増大はこの理由によって社会保険の財政基盤を悪化させる。もちろん，労働者全体の賃金を低下させることにも寄与する。実に，「いつか見たようなシェーマ」である（図3－2）。

だとすれば，大企業労働者を中心とする労働組合とそのナショナル・センターは，自分たちを守っている，また自分たちが水準を向上させたいと考えている社会保険を守り発展させるためにも，さらにより基本的な問題としては，賃金水準を維持し向上させるためにも，生活保護と，それを含む（と私たちは考えている）社会福祉の水準の向上をも，運動の視野に入れなければならない。

要するに，最底辺におかれ生活保護によって生きるしか方法のない人たちと，組織労働者たちは，同じグラウンドに立っているのである。朝日氏は，生活保護をめぐる運動が，被保護者のためだけの，ましてや自分のためだけの運動ではないことをよく理解していた。「私の怒りは一人だけの問題ではない。多くの貧しい人びと，低い賃金で酷使されている労働者の人びと，失業した人びと，貧しい農漁村の人びと，この人びとはみんな私と同じように怒っているはずだ」[35] と述べる朝日氏自身の言葉は，そのことを証明している。

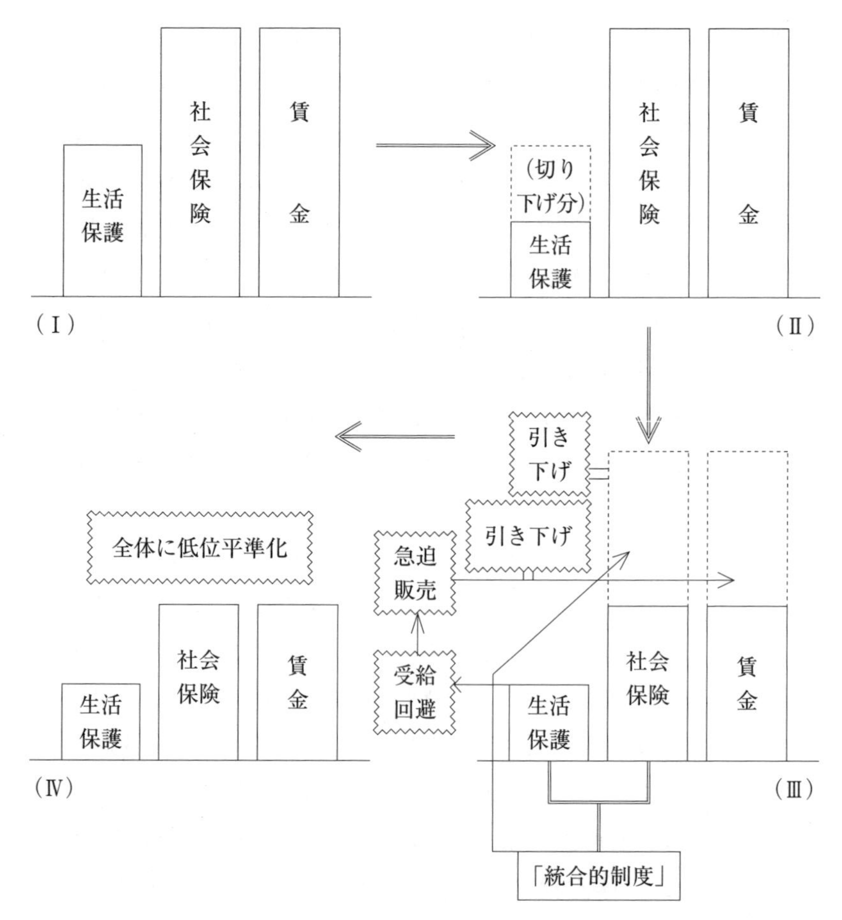

図３－２　生活保護の切り下げが賃金・社会保険に及ぼす影響

出典）著者作成

次に第二の点についてである。すでに第一の点に関するコメントにおいて言い尽くしたかもしれないが，要するに，労働運動が，生活保護・社会福祉を視野に入れなければならないということである。

生活保護の低位性の維持によって，社会保障（とくに社会保険）の条件を含む労働条件が低位にとどまっていることに，つまり，生活保護と社会福祉の低位性が労働条件全体の「重石」になっていることに，労働運動側は早く気づかなければならない。保護基準と社会保険の水準と賃金水準とは連動している。どれかひとつが下がれば他の２つも下がる。「蟻地獄」的状況が現出する。「最低賃金以下に保護基準を下げろ」などと労働組合が主張するとすれば，それは愚の骨頂である。

前述のように，朝日訴訟において労働組合は大きな力を発揮した。そして，保護基準の引き上げという成果は，組織労働者にとっての「パイの分け前」を小さくしたのではなかった。むしろ訴訟後も賃金は上昇した。

かつて，労働運動において社会保障要求は「制度的機能」として重要視された。生活保護・社会福祉を含む社会保障に関する要求を中心課題とした労働運動の再編が急がれる。

(2)「心身障害者対策」をめぐって

前述のように，坂寄は生活保護以外の社会福祉を「社会保障制度を補足する形の各種の社会福祉にかかわる社会的措置制度」[36]と規定した。無論，社会福祉が「福祉の措置」という方法で実施されていた時代における認識であるが，いずれにしても，社会福祉は，一応社会保障の外部にあるものとして理解された。

また，社会福祉の社会保障との関係については，「社会福祉の諸措置が社会保障との関係において独自の役割をもった制度なのか，単に補足的な制度なのかということは，明確でない」[37]として，明言を避けている。

しかしながら，貧弱な社会保障制度を社会福祉（「福祉の措置」）が「補足」していた，そのような対象者群として「心身障害者」を取り上げている。

坂寄によると，1960年代から70年代にかけて，18歳以上の心身障害者のうち「障害年金を受けられるものは障害程度の高いものに限られ，その場合でも，年金額は本人自身の生活費をまかなうことすらできない額であることが多」[38]かった。障害一時金制度も存在したが，一時金（打ち切り補償）であってかつ低額で，生活保障としてはきわめて不十分であった。また，被保険者本人にしか生活保障が行われなかったため，妻や子は生活保障を受けられなかった。要するに，障害者に対する社会保障としての所得保障が貧弱であったことを指摘しているわけである[39]。

そして坂寄は，「この他に」とことわったうえで，身体障害者に対する社会福祉施策として，「更生相談，更生医療，補装具の交付・修理，身体障害者家庭奉仕員による世話，公的施設内での売店設置許可など」[40]の，「身体障害者福祉法による自力更生への援護と保護の諸施策」[41]を列挙している。「精神薄弱者」についても同様の構造であると指摘している[42]。つまり，心身障害者に対して，社会保障はきわめて貧弱であり，その貧弱な社会保障を各種障害者福祉法に規定された「自力更生への援護措置」が補足していると指摘したのである。

坂寄が問題としたのはの「自力更生への援護」である。坂寄は，1949年制定の身体障害者福祉法上の文言である「更生援護」[43]に，「自力」という言葉を追加してその意味を明確にした。身体障害者に対して，国は保護をするのではなかった。そうではなくて，自分の力で社会に出ようという障害者の努力を周辺から支援するのでしかなかった。坂寄はこのことに対して，「日本国憲法第25条第１項にもとづく社会保障，社会福祉のあり方とは相異がみられる」[44]と，憲法上の問題があるとまで指摘している。

そして，障害者に対する施策の問題を，「児童と成人とによる施策の分断，教育，職業や医療などの諸施策との有機的関連の不十分さ，入所施設の不足など，多くの問題をかかえている」[45]と締めくくっている。

少しコメントしたい。そもそも，社会福祉はもちろん社会保障も，それだけで社会問題対策として，生活保障システムとして自律的に機能するものではない。資本主義社会に生きる私たちが，少なくとも現在のところは労働力を販売して労働者として生きるしかないのであれば，社会保障の前提としての労働条件をめぐる諸システムが，まずそれによって労働者とその家族の生活を安定させるものでなければならない。それでも労働者は，事故・起伏に遭遇する。社会保障は，その事故・起伏に対応するものでしかない。

この，いわば「社会保障の前提」について，坂寄は以下のように述べている。

> 社会保障の充実による生活安定策以前に，賃金を安定させる最低賃金制，住宅事情を緩和させる住宅政策，傷病の増加に対応する保険[46]・衛生対策などもろもろの政策が行われないことには，社会保障政策が生活破綻の後を追うものとなってしまい，本来的役割をはたしえないものになってしまう（傍点著者）[47]。

つまり，社会保障はそれだけで生活保障システムとして十分なのでなく，私たちが賃金労働者である以上，賃金がまず生活を維持するために肝要である。そして，賃金その他の労働条件と，住宅政策等の公共一般施策による生活条件とが整わない限り，社会保障は機能しないどころかその水準を押し下げられてしまう，と坂寄は論じたのである。

(3) 小　括

坂寄流に言うならば「生活保護と社会福祉」，私たちが一般に使っている語法によるならば「生活保護を含む社会福祉」と社会保障との関係についての坂寄の主張は，以下の２点に集約されよう。

第一に，生活保護の低位性は，被保護者のみならず労働者階級に属するすべての人々にとって不利をもたらす。劣等処遇的生活保護制度は，社会保障の水準全体を押し下げるのみならず労働条件そのものをも低下させるからである。よって労働組合は，生活保護，もしそれが社会福祉に含まれるのであれば社会福祉の，発展・拡充をも視野に入れて運動に取り組まなければならない。

第二は，社会保障がそもそも，より基本的な生活に関わるシステム，つまり労働市場システム，最低賃金制，そして公共一般施策の十分さを前提にしている以上，それを補足する位置にある社会福祉はそれだけで自律的に役割を果たすことはできない。貧弱すぎる基礎的・前提的システムを，いくらがんばっても社会福祉は補足できない。最低賃金制の確立を最重要契機として，賃金が「健康で文化的な最低限度の生活」を維持できる水準にまで高められることが，そしてその向上が図られることが，社会保障にとっても，社会福祉にとっても緊要である。

V　社会福祉の代替性と労働運動

社会保障とは，著者によるならば，社会政策としての社会保険と社会福祉とが，後者が前者を補充することによって[48] 統合された，社会問題，とくに生活問題対策体系である。そう考えるとき，坂寄の所論における定義は著者のそれとは少なからず異なる。しかしながら，以下の点を主張しようとするとき，坂寄理論はきわめて示唆的である。

その点とはすなわち，「補充する」というのは，補充する側の，される側に対する低位性を意味するのであってはならないという点である。一定の，条件に恵まれた労働者に対する社会保険が水準を向上させ内容を拡大するに反比例して，社会福祉の水準の切り下げと内容の貧困化が政策的に推進されることがあってはならない。

一見，近年，とくに2000年以降の社会福祉は，内容を拡大させているように思える。しかしこの拡大部分は，本書第2章でも一定程度論証したように，現実には本来社会政策としての労働保護政策と社会保険が担わなければならない領域である。要するに，社会福祉の社会政策に対する補充性ではなく，代替性が拡大しているのである。

その一方で，生活問題対策としての社会福祉の中でも「最後の砦」である生活保護の水準は，近年，少なくとも向上することがない。社会政策・社会保険は，水準を向上させる代わりにその担う範囲を縮小させ，そのツケが社会福祉に回されている。さらに，社会福祉の水準は，障害者福祉に審査制度を導入し受給抑制をしたり，介護保険制度[49]において要介護等級区分の変更・認定の厳格化などを実施したり，生活保護制度に「自立支援プログラム」なる受給抑制システムを導入したりなど，あの手この手を使って切り下げられてきている。

水準が揃っていようがバラバラであろうが，社会保障の中に社会保険と社会福祉が「統合」されていることは事実である。そう考えるならば，坂寄の指摘した「社会保障の水準を『健康で文化的な最低限の生活』のレベルにまで高められるか高められないかは労資の力関係による」という指摘は非常に重要である。なぜなら，大企業労働者を中心に組織された労働組合にとって，労働者保険という意味での社会保険は，当面の運動課題であろうが，実は，運動が社会福祉をも範疇に入れて取り組まれなければ，社会保険と社会福祉とが「統合」されているという事実によって，社会保障全体の水準は引き下げられてしまうからである。

要するに，労働運動の担い手である労働組合・組織労働者たちにとって，社会福祉は「他山の石」ではないのである。そして，そのことを労働組合側が気づくためには，まず社会福祉を仕事とする人たちとその組織とが，社会保障の構造を理解することが必要である。そして，その理解を社会福祉側と労働組合側が共有するという形で連携することが，現在何にもまして重要である。

〈注〉

1）坂寄〔1966〕p.243

2）坂寄〔1966〕p.243参照。蜷川の統計学は「社会統計学」と呼ばれている。すなわち，20世紀の現代社会において，統計・統計調査というものが，「資本主義の発展成熟に伴ひ，種々なる経済問題或は社会問題の発生によって（中略）人口を専ら中心とした統計から経済を中心にした統計に移り，支配者の目安として使はれた統計が，更に一般大衆の政治経済並に社会批判の資料として重要なる意義を有つように，其の役割を増加拡大するに至った」（蜷川〔1932〕p.3）と述べ，資本主義社会における統計・統計学の社会経済的意義を強調した。この社会統計学に，坂寄・孝橋とも，一定の影響を受けているものと考えられる。とくに坂寄が理論研究だけでなく実証研究をも重視したことは，この影響のあらわれであると考えられる。

3）坂寄〔1961a〕〔1961b〕等

4）坂寄〔1974〕p.14

5）坂寄〔1974〕p.15

6）坂寄〔1974〕p.18

7）坂寄〔1970〕p.9

8）坂寄〔1974〕pp.19-20参照

9）坂寄〔1974〕p.20

10）坂寄〔1970〕p.15。ちなみに友愛組合は，相互扶助組織であるとともに，労働組合の代替物としての機能を有するものでもあった（坂寄〔1979〕p.270参照）

11）坂寄〔1970〕p.16

12）坂寄〔1970〕p.16

13）坂寄〔1970〕pp.16-17（「これはイギリス労働者階級の状態の悪化と労働運動の変化によるものに他ならなかった」）参照

14）坂寄〔1974〕pp.20-21参照

15）坂寄〔1970〕p.23

16）坂寄〔1970〕pp.23-24

17）坂寄〔1970〕p.24，〔1974〕p.69

18）坂寄〔1970〕p.24，〔1974〕pp.64-65

19）坂寄〔1970〕p.24

20）坂寄〔1970〕pp.24-25

21）坂寄〔1974〕p.70

22）坂寄〔1955〕p.9

23）坂寄〔1955〕p.9
24）坂寄〔1955〕p.9
25）坂寄〔1955〕p.9。なおこの指摘は，著者が主張している「ソーシャルワークと労働運動の連携の必要」の指摘（木村〔2011〕pp.154-158等）に通ずるところがあると思う。
26）坂寄〔1974〕p.189
27）日用品費の600円という金額は，肌着２年に１着，パンツ１枚，下駄１足，足袋１足などの費目・数量を積算根拠として設定されていた。この日用品費が入院患者の日常の用を足せるものでなかったことは明らかである（大山〔1987〕p.39参照）。
28）坂寄〔1974〕p.170，小倉〔1962〕pp.162-163参照
29）坂寄〔1974〕p.171
30）坂寄〔1974〕p.172参照
31）小倉〔1962〕p.174参照
32）不服申立てや訴訟のこと。
33）結核は発熱によって体力を消耗するため，「贅沢病」と言われるほど，栄養補給を必要とする病気である。栄養補給のための補食として，卵，バターなどが必要であった。
34）大山〔1980〕pp.39-40
35）大山〔1980〕p.38
36）坂寄〔1974〕p.179
37）坂寄〔1974〕p.189
38）坂寄〔1974〕p.221
39）坂寄〔1974〕p.221
40）坂寄〔1974〕p.221
41）坂寄〔1974〕p.221
42）坂寄〔1974〕pp.221-222参照
43）現行の身体障害者福祉法にもこの用語は残存している。
44）坂寄〔1974〕p.220
45）坂寄〔1974〕p.222
46）原文は「保険」であるが，「保健」の誤りか。
47）坂寄〔1974〕p.19
48）坂寄の文脈は，社会福祉が社会政策を補充するというよりも，社会保険が救貧的社会扶助に転落する，というのに近い。よって，この部

分の著者による記述は，あくまでも著者の見解に引きつけて，ということである。

49）著者は介護保険を，社会政策としての社会保険ではなく社会福祉であると認識している。その認識にもとづいた実証が本書第2章である。

〈引用・参考文献〉

大山博〔1980〕「朝日訴訟―人間らしく生きる権利を求めて―」小川政亮編『社会保障裁判―戦後社会保障権運動の発展』ミネルヴァ書房，pp.35-62

小倉襄二〔1962〕『公的扶助』ミネルヴァ書房

坂寄俊雄〔1955〕「国民の側に立つ社会事業」『大阪社会福祉研究』（大阪社会福祉協議会）第4巻第6号，pp.3-9

坂寄俊雄〔1956〕「死離別婦人労働者に関する覚書」『社会問題研究』（大阪社会事業短期大学）第6巻第3号，pp.24-42

坂寄俊雄〔1961a〕「労務管理の対象」『立命館経済学』第10巻第1号，pp.1-21

坂寄俊雄〔1961b〕「わが国最低賃金法について」『立命館経済学』第10巻第3号，pp.120-137

坂寄俊雄〔1966〕「吉村さんを偲んで」『経済論叢』（京都大学経済学会）第97巻第2号，pp.243-244

坂寄俊雄〔1970〕「資本主義と社会保障：1.総説」角田豊・小倉襄二編『現代の社会保障』法律文化社，pp.2-25

坂寄俊雄〔1974〕『社会保障：第2版』岩波新書

坂寄俊雄〔1975〕「わが国老齢年金制度の歴史的動向と問題点」坂寄俊雄・高木督夫編著『現代日本の労働者』日本評論社，pp.235-266

坂寄俊雄〔1977〕「社会保障の現状と婦人」坂寄俊雄・小倉襄二編『婦人の生涯と社会保障』法律文化社，pp.207-231

坂寄俊雄〔1978〕「健康を守るための医療保障の改革」西尾雅七・坂寄俊雄編『人びとの健康と社会保障』法律文化社，pp.319-332

坂寄俊雄〔1979〕「社会保障制度の展開と運動」坂寄俊雄・塩田庄兵衛編『労働問題の今日的課題』有斐閣，pp.267-301

坂寄俊雄・小川政亮・真田是〔1981〕『社会保障とは何か』法律文化社

蜷川虎三〔1932〕『統計利用に於ける基本問題』岩波書店

与田柾と孝橋正一

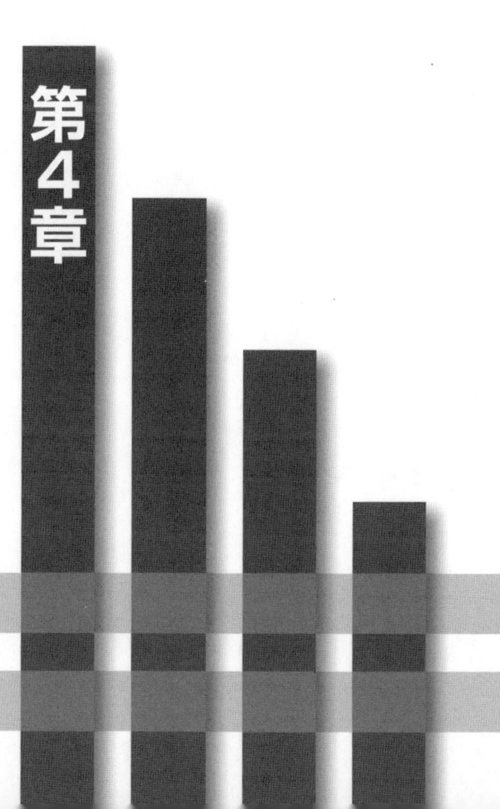

〈要　旨〉

現在，「社会福祉実践は閉塞状態にある」との指摘が少なくない。社会福祉実践が，行き詰まった状況にあるというのは言い過ぎであっても，ある岐路にさしかかっているというのは社会福祉の実践・研究においてほぼ共通した認識であるように思われる。岐路にさしかかっているとするならば，研究の視点をややずらして，現在やや端に置かれている感のある理論体系をも今一度再検証する必要があるのではないかと考えた，というのが本章の最初の立脚点である。その「端に置かれた理論体系」とは，著者によるならば，いわゆる「社会科学的社会福祉理論」，すなわち，社会科学的に，つまりはマルクス主義に立脚して社会福祉の対象を把握し，社会福祉という制度・政策の構造的必然について考察するという理論である。

社会科学的社会福祉論の可能性について考察すべきであるとするならば，「社会科学的＝孝橋正一」というのはいわゆるステレオタイプであったのではないか。著者はこれまで，孝橋理論をあくまでも再検証することによって，社会科学的に社会福祉を把握しようと試みてきたのであり，上記図式を自明としていたのではない。しかし反省点もまた多い。そこで，孝橋理論を中心とする社会科学的な社会福祉論を，さらにもう一度検証するために，ここで，現在では大方から忘却された感のある，孝橋と論争を繰り広げた社会科学的社会政策・社会保障・社会事業論者である与田柾を取り上げ再評価することをもって，社会科学的社会福祉論を構築し，上記の「閉塞感」を打破しようとする営為への一助としたい。

I　社会事業・社会福祉の「本質」を探る意義

第二次世界大戦後,「社会政策本質論争」に触発され,『大阪社会福祉研究』誌上で「社会事業本質論争」が展開された。周知のとおりその論争の当事者は,岡村重夫,孝橋正一らであった。あくまで本質を問うものであったはずのこの論争は,やがて,社会福祉・社会事業の機能や意義についての論議へと拡散し,少なくとも「本質は何か」という点については結論をみなかった。もっとも,この論争は,後に展開された社会福祉に関する種々の論争の嚆矢となったという点のみにおいても意義がある。

しかし,一般に「技術論対政策論」という形で認識されやすいこの本質論争とは別に,同じ大学・学部で基礎科学を学んだ二人が,ともに社会科学的立場に立ちながら,そしてともに政策論的立場に立ちつつ,またともに社会政策研究から出発し,社会政策だけでなく実は社会事業の本質についても論争を繰り広げていた。

その,いわば「もうひとつの社会事業本質論争」の一方の当事者であった与田柾は,他方の当事者であった孝橋正一とは異なり,今日までの社会福祉研究において取り上げられた例が松田（1979）および堀川・木原（1975）を除いてほとんどない。しかもこれらの論考のうち,まず前者は,松田自身が孝橋理論を批判するために取り上げたという色彩が濃く,与田の社会政策・社会保障・社会福祉論全体を正面から分析したものとは言い難い。また後者においては,単に「孝橋理論の基本構造に対して,正面からとり組んだものは,与田柾氏の『補充性の理論批判』をおいてほかにない」[1]と指摘されるのみである。

与田理論がほとんど取り上げられてこなかったことの理由のひとつに与田が1968年に夭折したことがあろう。しかしよく考えてみると，社会科学的社会福祉論全体が，現在の社会福祉研究，とくに方法・技術論研究においてはほとんど取り上げられていない状況にある。

現在の社会福祉実践が，大きな課題・問題を抱えていないのであればそれでよい。しかしながら，現実はそう示していない。社会福祉実践が，行き詰まった状況にあるというのは言い過ぎであっても，ある岐路にさしかかっているという認識からは，現在やや端に置かれている感のある理論体系をも今一度再検証する必要があると思われてならない。

社会科学的社会福祉論の可能性について考察すべきであるとするならば，「社会科学的＝孝橋」[2)]というのはいわゆるステレオタイプであって，著者もその点については反省せねばならない。そこで，現在大方から忘却された感のある，孝橋と論争を繰り広げた社会科学的社会政策・社会保障・社会事業論者である与田をここで取り上げることをもって，社会科学的社会福祉論構築の一助としたい。

Ⅱ　与田理論の概要

⑴　社会政策論：「生産関係説」

与田は1926年生まれで，1950年に京都大学経済学部を卒業している。岸本英太郎助教授（当時）の門下である。孝橋の，生年で14年，学年で（同じ「京大経済」の）15年後輩である（図４－１）。与田の社会政策論は，師であった岸本英太郎の影響を強く受けた，いわゆる「生産関係説」である。「生産力説」を主張した大河内一

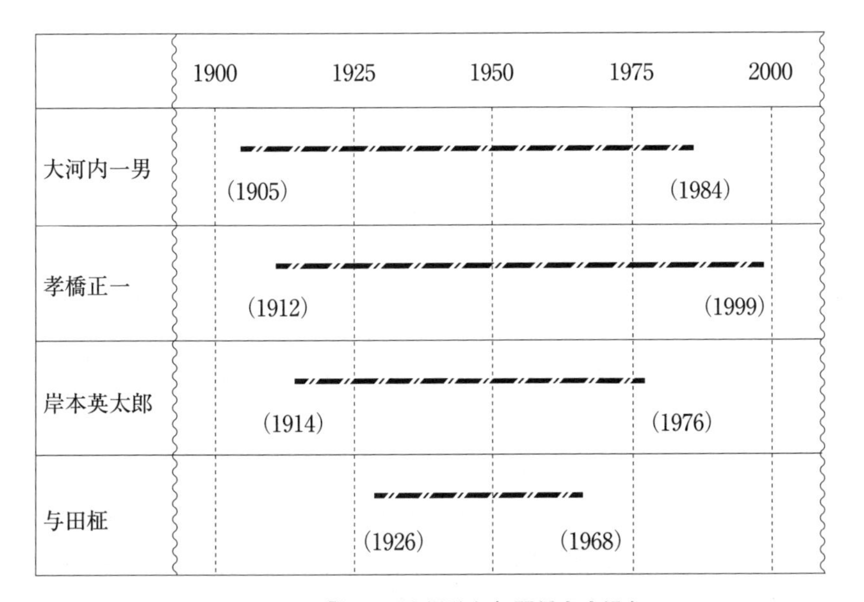

図4－1　「与田・孝橋論争」関係者生没年

出典）著者作成

男に対する批判者でもあった。そこでまず，きわめて簡潔なレベルにとどまるが，岸本社会政策論の要点のみを記しておきたい。

一言で言うならば，岸本は，大河内に対する批判的スタンスから，階級闘争を社会政策にとって最も重要な契機であるととらえた。大河内は「悟性としての総資本」が，労働力の摩耗による資本主義社会の生産力低下を食い止めることを目的に譲歩することが社会政策であって，譲歩による生産力の維持にその本質があるとした。これに対して岸本は，総資本が自動的に労働条件についての譲歩を行うことは現実にはあり得ないとした[3)]。

資本は，「労働力の摩滅を自らの生み出した産業予備軍によって補充しつつ運動する」[4] ことによって生産力低下の危機に対応するのであって，もし社会政策が存在しなかったとしても，つまり労働条件の保護が行われなかったとしても，大河内の言うような資本制的生産の崩壊は起こらない。そして岸本は，社会政策を必然化するについての最も重要な契機は階級闘争であると規定した[5]。資本制生産のもとで法則的に窮乏化する労働者階級を担い手とする闘争に対して，国家は弾圧・抑圧だけでは対応できなくなり，労働条件を向上させる法的強制を，資本に対して行わざるを得なくなるのである[6]。

しかし岸本は，階級闘争を社会政策の本質とみたのではない。岸本にとって社会政策の本質は，「資本の労働力に対する濫奪（労働力の価値収奪）を抑制・緩和する」[7] ことであった。そして，「階級闘争は社会政策を必然化するが，これは階級闘争が社会政策の本質であることを論証するものではない」[8] ことが明言された。こうして，「労働力の価値収奪の抑制・緩和」を「本質」としつつ，つまり本質は経済的側面にあることを認めつつ，最も重要な契機は階級闘争にあるとする，つまり社会的側面に存するという，いわば「政治（社会）経済的社会政策論」が展開された。

その岸本の社会政策論を，与田は忠実に継承している。与田は，社会政策を，岸本とほぼ同様に，「絶対的窮乏化（労働諸条件の労働力の価値以下への背離）に直面した労働者階級の階級闘争に対して，支配階級が産業平和＝社会平和を確保するために行なうところの譲歩策」[9] と定義した。

しかし，産業平和，簡単に言ってしまうならば，体制維持を図るための施策は無論社会政策だけではなく，弾圧・抑圧策もそのひとつである。また譲歩策と言っても，労働者階級に対象が限定されな

表4－1　1950年代における社会政策の本質・契機・目的・内容の「大河内・孝橋説」と「岸本・与田説」の比較

	大河内・孝橋	岸本・与田
本質	生産力の維持	価値収奪の抑制・緩和
契機	総資本（国家）の主体性	階級闘争
目的	労働力の再生産	産業平和の確保
内容	労働力の保全（労働保護）	労働条件に関する譲歩

出典）著者作成

い国民一般に対する譲歩策もある。与田は，社会政策の最も重要な分野は社会保険であると考えたうえで，岸本（図4－2）とほぼ同様に，譲歩策のうち労働者階級に対するそれを社会政策であると定義した（図4－3）。そして，「資本の価値収奪に対する国家的手段による抑制緩和」[10]を社会政策の本質と考えた。「抑制・緩和」が本質，「階級闘争」が「契機」であると考えた点で，与田社会政策論は，やはり岸本理論の継承と言える（表4－1）。

そしてこの社会政策論をもとに，岸本によっては現象の分析にとどまっていた「社会保障論」へと進むのである。

(2) 社会保障論：「社会政策の顚落形態」としての社会保障

与田の社会保障認識はきわめて明快である。階級闘争を社会政策の本質をみる立場からは，社会保障がもし社会政策の「全国民」への抽象的拡大形態であるならば，それは「顚落形態」と映るであろう。今少し敷衍したい。

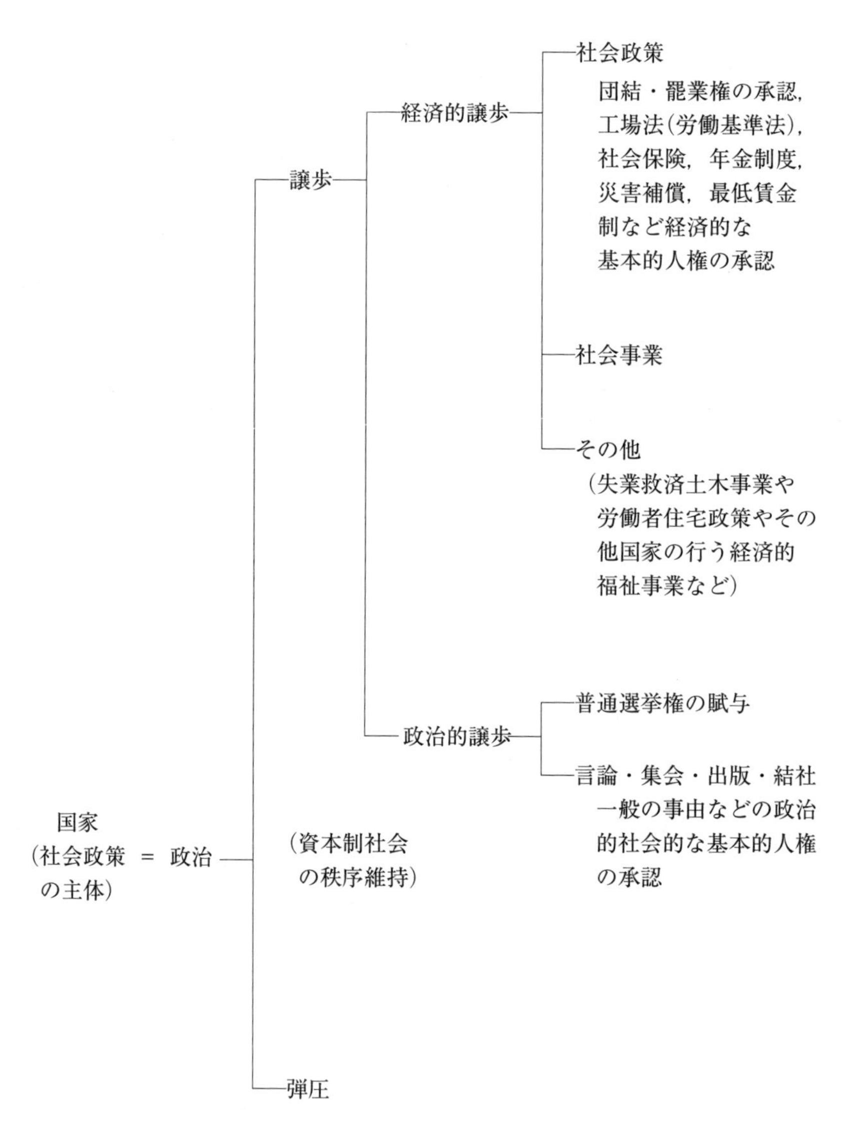

図4－2　岸本の定義による社会政策の体制維持政策全体に占める位置

出典）岸本（1955）p.56より書式を修正して引用

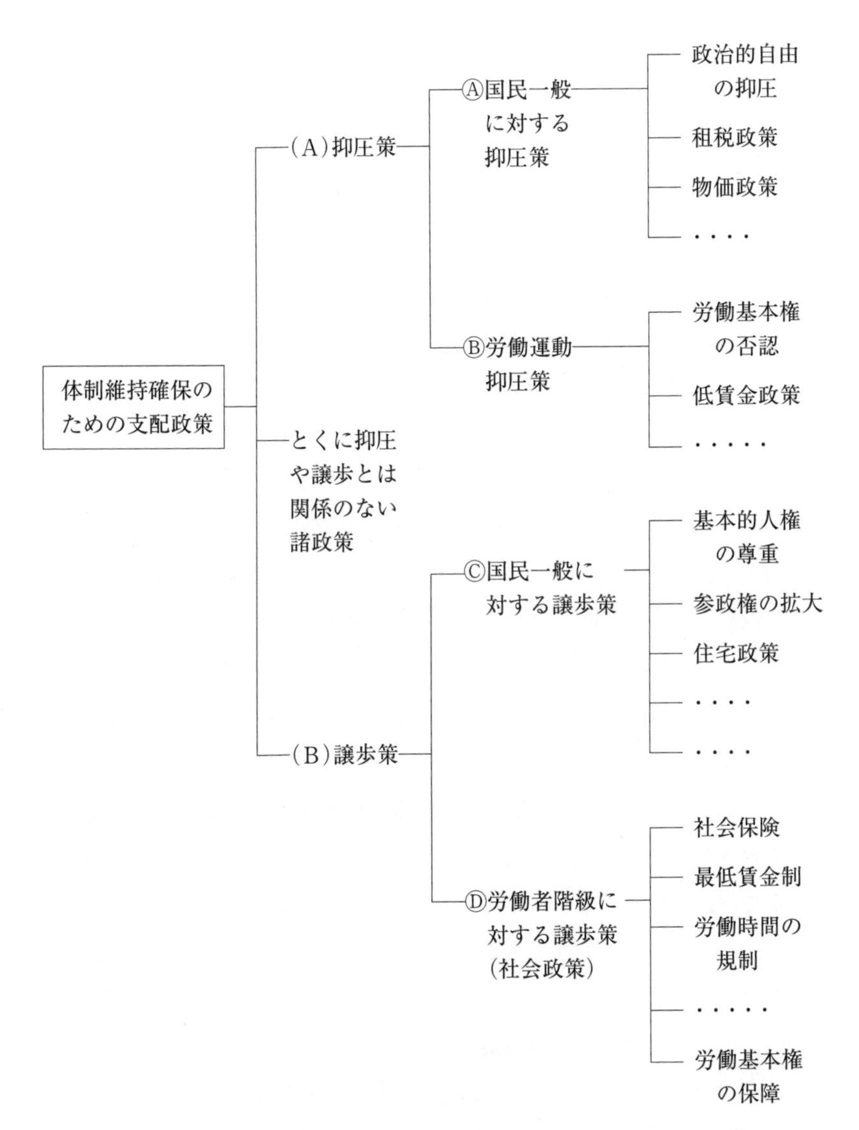

図4－3　与田の定義による体制維持政策に占める社会政策の位置

出典）与田（1965）p.38より書式を修正して引用

与田は，社会保障を「社会保険と公的扶助とが，その相互作用のもとにおいて発展＝変化をとげ」た結果の「両者を包摂する新しい救済原理」[11] と定義する。そして，社会保障制度は，その発展・変容によって「国民の最低限の生活を統一的・包括的に保障しようとする制度」[12] であるとする。では，なぜその社会保障が「顛落形態」なのか。

上記「社会保険と公的扶助」というときの，社会保障の構成要素である公的扶助を，与田は，慈善事業から近代的社会事業へ，そして公的扶助へ，という文脈で理解している[13]。社会保障の成立契機は，もう一方の構成要素である社会保険の「３つの限界」である。その，限界を露呈させた社会保険と慈善事業の発展形態たる公的扶助とが，単なる寄せ集めではなく，「新しい原理＝国民の最低生活の保障」のもとに統合されたものが，与田にとっての社会保障である。社会保険においては，労働者への集団的自助の強制であるという側面を決して無視できないが，国家・資本の譲歩という側面がより重要である。

与田は，「公的扶助」を，社会保険という国家・資本の譲歩が取り返された結果とみた。譲歩，つまり資本負担が，租税負担という形で国民一般に転嫁されてしまったもの，それが「公的扶助」であり，したがって，それを重要な要素とする社会保障は，社会政策からの「顛落形態」[14] であるとも理解された[15] のである。では，与田の言う「社会保険の３つの限界」とは何か。

第一は，社会保険は，労働者の生活全体を保障するものではない，という限界である。社会保険は，生活全体ではなく，「特定の『保険事故』に関してのみ，いわば断片的にその救済を行おうとする制度」[16]である。その「保険事故」は，法であらかじめ設定されるのであって，すべての「生活上の事故」が，社会保険の対象となることは理論的にあり得ないわけである。

第二は，経済的（財政的）限界である。保険である以上，収支相等の原則に立脚せざるを得ないが，たとえば失業が一定の範囲で蔓延するような状況にあって，失業保険制度にもとづく失業給付は，当然労働者にとって十分な生活保障となり得ない[17]。そして，与田によると，このような社会保険の「限界を克服すべく登場するのが社会保障制度」[18]である。

第三の限界は「対象の狭隘性」[19]である。社会保険の適用を受けるのは，少なくとも本来は雇用労働者のみである。したがって，「自営業者・独立労働者・農民・零細企業従業員その他の一般国民は，なんらこれらの社会保険制度の恩恵に浴することはできなかった」[20]。社会保険に適用されない国民の救済は「ぎりぎりの生活さえも維持できなくなってからの—すなわち極貧層に転落してからの—事後的救済」[21]のみであった。社会保険給付と事後的救済の断層を埋めんと，両者の性格を変化させて，新しい救済原理に立脚させ，統一されたものが，与田の言う社会保障である。

(3)　社会事業認識：「社会政策の代位」

鈴木正里の整理によると，与田は，社会保障を「社会政策の一部である社会保険と社会事業の一部である公的扶助との総合発展」[22]ととらえている。さらに，「社会事業は公的なものと私的なものとに分けられているが，私的社会事業は現在の公的社会事業が不備であるからやむなく存在する性格のもので，社会事業は本来公的なものであるべき」[23]と与田は考えていた。しかし，この定義・性格づけだけでは不十分であるので，今少し敷衍したいと思う。

上述の社会保障認識からしても，与田は「社会事業は社会政策の代替物（代位）でしかない」という結論を述べることになる。その考え方を明確に示した一節を以下に引用してみる。

> 社会政策の発展・充実はその限りでは資本家の利潤を減少せしめることとなる。このように資本は社会政策の拡充発展によって直接的負担を感ずるために，その発展に対しては頑強に抵抗するわけである。それ故資本は，社会政策という形で失費を伴う譲歩をするよりも，その負担を国家その他の機関に転嫁する道を選ぶこととなり，ここに社会事業が発生する。而もこの負担を国家に転嫁する場合にはその経費は国民の税金で賄われ，租税の大部分は国民大衆より吸い上げられるのであるから，結局社会事業の経費は国民大衆—労働者階級—の負担に外ならないということが言える[24]。

与田によると，資本制社会は，「社会的諸弊害＝社会問題」に対して，もともと「二つの救済策」をもっていた。ひとつが社会政策（社会保険），今ひとつが社会事業（社会扶助）である[25]。社会問題に対して，資本の利潤追求欲が，社会政策を回避させそれを社会事業に転嫁しようとする。そして社会事業は，資本主義の一般的危機の状況にあって，自らを「公的扶助」へと「発展」させ，社会保障の重要な一部となる。これが与田の社会事業論の要諦である。

今ひとつの重要な点は，社会政策（社会保険）と社会事業のそれそれが，救済の対象を異ならせるのみならず救済の方法・形態をも異ならせる，つまり両者には「固有の方法」があると論じた点である[26)]。この点は，与田による孝橋批判の内容であるので，次節で取り扱うこととしたい。

Ⅲ　与田による孝橋理論批判

(1)　論争の時系列（表4－2）

与田の孝橋に対する批判は，『社会事業の基本問題』(1954) に対して，与田が「孝橋正一著『社会事業の基本問題』をめぐって」という副題をつけた「社会政策・社会事業」を発表したことに端を発する。

孝橋はその後1957年に，岸本理論を批判する「社会政策理論の反省と批判」を発表するが，この論文が与田の旺盛な批判精神に火をつけたようである。与田は翌年「社会政策と社会保障」を公表し，岸本を批判する孝橋説へと斬り込んだ。その後，1966年刊行の『社会政策学会年報』誌上における論争まで，両者の論戦は休息していたかにみえる。

しかし孝橋は，実のところ与田の批判を真摯に受け止め，この批判に応答するべく『社会事業の基本問題』の「全訂版」を，1962年に公刊したのだという。孝橋は，「改版にふみきる契機を与えた重大な要因の一つは，与田氏の指摘によって，初版における私の表現方法が若干の誤解を生むほどに言葉不足であったり，内容的にも社会事業の補充性と代替性との関係を，いま一段と理論的に鮮明化する必要性があることを痛感するにいたったからである」[27)] と告白し

表4－2　与田・孝橋論争の年譜

	孝橋	与田	備考
1954	①社会事業の基本問題		
1955			岸本：窮乏化法則と社会政策
1956		①社会政策・社会事業 孝橋①←	岸本：社会政策学の理論的性格
1957	②社会政策理論の反省と批判→岸本	②社会保障の経済理論	
1958		③社会政策と社会保障 孝橋②←	
1959		④社会保険概念についての一考察	
1960			
1961			
1962	③全訂社会事業の基本問題（→与田①③）		
1963	④社会政策と社会保障（→岸本）		
1964			
1965		⑤社会保障	
1966	⑤社会保障の構造と性格　→与田⑥	⑥社会保障・社会政策・社会事業　孝橋①③④←	
1967			
1968		⑦健康保険組合論	与田逝去
1969	⑥社会科学と社会事業　→与田⑤		

注　1）矢印（→，←）は批判または反批判・再批判の方向
　　2）（　）内は必ずしも明示的ではないもの
出典）著者作成

ている。この引用文を含む節は「与田柾氏への回答」と名付けられており，孝橋なりの回答が試みられている。しかし，その前年に与田は逝去しており，この時点で両者の論争は終結する。

⑵　社会政策の定義に関して：「飴と鞭」か「飴付きの鞭」か

与田による孝橋社会政策論批判は，主として1958年の「社会政策と社会保障」において展開されている。

この論文は，孝橋が1957年に岸本社会政策論を批判すべく公表した「社会政策理論の反省と批判」に対する批判を中心内容としている。与田は，「抑圧的社会政策もまた，労働者を賃金労働者として再生産することを本質とし，その焦点を労働条件の基本問題にあつめているという社会政策の一環にほかならない」[28] との論述を根拠に，孝橋が，労働者抑圧策をも社会政策であると，要するに「労働（力）政策＝社会政策」と規定していると理解した（「労働者に対する抑圧政策を社会政策概念に包含せしめようとするのが，氏の中心的論点をなしている。」[29]）うえで，以下のごとく批判を展開した。

批判はまず，孝橋が，社会政策の本質を「賃金労働の再生産」と規定したことへと向けられる。与田によると，たとえば，大河内が「労働力の保全」というとき，それは「賃金労働力の順当な再生産という意味で用いられている」[30]。「労働力」と「労働」とは当然異なるが，与田によっては，孝橋の言う「賃金労働の再生産」は，「賃金労働者を賃金労働者として体制的枠のなかに繫ぎとめておくことという意味に使用」[31] されているものと理解された。したがって，それはきわめて政治的な概念であって，孝橋理論によるならば，社会政策は資本主義体制を維持するための国家の政策，または，そのうちの労働政策ということになる，と与田は考えた[32]。

第二の批判は，労働政策と社会政策が孝橋によって同一視されている点へと向けられた。与田は，社会政策は「社会的諸問題を背負った人々に対する救済策＝保護策のみ」[33]であると，換言すれば，「普通に考えて」抑圧・弾圧策を社会政策とは言わないであろう，と述べる。そして，「抑圧策としての社会政策」なるものがもし存在するとしてもそれは「労働力の順当な再生産」には寄与しない，つまりそのようなものには経済的契機が存在しないのであるから，孝橋は，経済的契機が社会政策にとって重要であると説示しながら，きわめて政治主義的な社会政策理解に陥っているのである，と与田は批判した。

与田の言をまたずとも，労働政策のすべてが保護・譲歩策であるはずはない。与田によると，「労働政策は，本来的・基本的には抑圧政策」[34]であり，譲歩策は，時代時代の「社会的経済的諸条件のなかにおける―階級闘争を緩和し産業平和を確立する限りでの――定程度の譲歩にすぎず，100％の譲歩ということはありえない」[35]。つまり階級闘争が社会の安寧にとって差し障りがなくなる程度までしか譲歩は行われない。その意味で，社会政策を「飴と鞭（譲歩と抑圧）」の政策と称することは間違いであり，正しくは「鞭付きの飴（抑圧を背景にもった譲歩）」である。

与田は，「労働政策の本来の姿が抑圧策であるのに，それとは矛盾する譲歩が行われるのはなぜか？」を，つまり「譲歩の論理的意義」[36]を究明することが社会政策学の使命であると考えた。譲歩とは，現実社会の労働者にとっては，要するに労働条件の向上である。その譲歩の論理を究明することを社会政策学の基本課題とすることが，まさに労働運動に取り組んでいる労働者階級にとって重要であり，そうすることが社会政策学の実践的意義であると考えたのであろう。

(3) 社会政策から社会保障への「発展」に関して

さらなる批判は，社会政策が社会保障へと発展するメカニズムに関する孝橋の論考へと向けられる。この批判が展開されたのも，前掲の「社会政策と社会保障」である。

批判の立脚点は，社会政策の本質を「資本による価値収奪の抑制緩和」[37]と規定するところにある。そして，社会政策から社会保障への「発展」の契機を，「独占資本主義段階にいたり，資本が直接的負担を間接的負担（またはその他のもの）に転嫁しようとするところ」[38]にみる。その立脚点からの，与田による孝橋社会保障論への批判は以下のとおりである。

孝橋もまた，資本の負担免脱欲求が，社会保障の契機であると考えているようである。しかし，上述の「『飴と鞭』という理解」，つまり抑圧策をも社会政策概念に包含してしまう誤謬が，社会保障理解を歪めてしまっている。社会政策を譲歩と抑圧という両面から把握してしまうならば，そもそも社会政策と資本による直接的負担とは，だいたい無関係となってしまう。そうなると，「直接的負担を他の負担方法に転嫁する」などと言ってもその理屈は宙に浮いてしまうわけで，一方では「変容」と言いながらもう一方では「社会保障は独占資本主義の社会政策そのもの」などと言わなければならなくなる。孝橋は「社会保障は社会政策の顚落形態」であるとする私たち（岸本派）の理論を批判し，「社会政策の発展的変容」などと述べるが，これでは何も発展していないどころか変容さえしていないと述べているではないか[39]。

以上の，孝橋社会政策・社会保障論に対する批判は，実に厳しい批判であるが，その中には，与田の読み込み違いまたは憶測ではないかと考えられる点（孝橋も，社会保障を社会政策の転落形態でもあることを認めていないわけではないであろうこと，など），むしろ「労働力説」を主唱した大河内へと向けられるべきではないかと考えられる点など，再批判の対象となるべきポイントも散見される。その再批判の内容は次章で扱うとして，ひとまず「社会事業の『社会政策に対する補充性』批判」の検討に移ろう。

⑷ 社会事業の「社会政策に対する補充性」に関して

Ⅱ－⑶に掲げた引用文は，実は与田にとっては，孝橋の言う「社会事業の代替性」を理解した結果の説示でもある。

一方で与田は，孝橋の言う「社会事業の補充性」をどうしても理解することができないと言う。その「理解できない」という表現で打ち出された批判文を，以下に引用する。

> 我々も社会政策の「限界性」を認めるのであるが，この限界のために生ずる労働者階級の社会的必要の不充足が，何故社会政策の充実という形をとらずに社会事業という形で「補充」せられるのであろうか。労働者階級を含む国民大衆の社会的必要の不充足を「補充」すべき謂はば社会的基金は何故社会政策という形をとらずに社会事業という形を採らざるを得ないのであるか。孝橋氏の論理からはこの必然性は解明できない[40]。

全部代替部分ではなぜいけないのか。補充領域があるというから誤りが起こる。その誤りは，孝橋が，社会的諸問題を「社会の基礎的・本質的課題としての社会問題」と「社会の関係的・派生的課題としての社会的問題」などと，恣意的・抽象的に分離したうえで，「社会政策を，社会の基礎的・本質的課題に対応する社会的方策」[41] などと規定することによって生じている。そうではなく，社会的諸問題のうち「直接労資関係に関連するもの」[42] を社会政策の対象課題として把握したならば，その誤謬は一定程度解消されるのではないか。以上が与田による「補充性批判」の要点である。

Ⅳ　孝橋からの応答・再批判

孝橋からの再批判は，主として，1966年の「社会保障の構造と性格」ならびに1969年の『社会科学と社会事業』において展開される。それらの中で，社会政策の本質という最も基本的な論点について孝橋は実はさほど丁寧に回答していない。反論はむしろ，社会政策から社会保障へと発展するについての社会政策と社会事業の「変容」の問題，そして，社会事業の社会政策に対する補充性の問題へと向けられている。本章が「与田・孝橋論争」を社会福祉・社会事業の本質をめぐる論争であるととらえている所以もその点に存する。

(1)　社会保険と社会保障：社会保険は社会政策でなければならないか

社会政策から社会保障への発展に関する両者の論争のポイントは，社会保険はあくまでも社会政策としてしか存在できないのか，また，社会事業において「保険的方法」が用いられることはあり得ないのかという，言うならば，「社会保険・社会事業のそれぞれは本質的概念であるのか，それとも技術的概念であるのか」というところにある。

孝橋はまず，与田の社会事業理解が「かなり荒削りである」[43] とする。社会事業が，その対応形態である公的扶助の概念で理解されたうえで，社会事業の公的扶助への展開を契機として，ナショナル・ミニマムの理念に支えられて，社会保険と公的扶助とが統合されて社会保障へと発展するという文脈の中で，社会事業が理解されているのみであるとする[44]。

そして，与田が，社会保険を社会政策に固有の対応形態，公的扶助を社会事業に固有の対応形態であると規定している点に批判は向けられる。孝橋によると，社会保険は，社会政策に固有の方法ではない。また，扶助やサービスは，社会事業に固有の方法ではない。そう考えないと，「たとえばイギリス失業保険の扶助への切替えやフランス社会政策における失業扶助のように，扶助を社会政策の方法として取入れること」や「日本の労働組合法・労働関係調整法における労働委員会とその機能のように社会サービスの手段を用いること」が説明できないとする[45]。

孝橋は，社会保険・公的扶助を「政策目的を実現するための方法・手段に属する技術的概念」[46] と規定する。そう考えないと，日本の国民健康保険や国民年金のような「社会事業としての社会保険」（社会事業目的を達成するための社会保険）の存在が理解できないのである，と。

与田は，このような存在を「本来の社会保険ではなく，拡大された社会保険，社会保険でも公的扶助でもない両棲動物的存在」[47] と規定したうえで，「そのようなものの出現こそ社会保障の誕生を意味するのだ」[48] と説明しているごとく孝橋には理解されているが，それは「苦しい説明」であると孝橋は批判する。

以下は著者のコメントである。

論点は明確に打ち出されているが，この点に関する論争があまり有益であるとは思えない。現代的な感覚から言うならば，「拡大された社会保険」と「社会事業としての社会保険」の相異がよくわからない。与田の趣旨も，社会保険が変容しそれまで社会事業が果たしてきた役割の一部を従来の社会保険が果たしていくことを，社会政策から社会保障への「発展」の様相の重要部分であると考えたのであろうし，何も，たとえば日本の例で言うならば，健康保険も国民健康保険も同じものだと言ったわけではない。

ただ，この論争が私たちに与える重要な示唆は，社会政策が，いずれにしても従来の社会保険と社会事業とを変容させて，孝橋説によるならば扶助やサービスに社会政策の目的を果たさせるなどの「方法」も用いられながら，与田説によるならば「両棲動物的存在」も生み出しながら，社会保障が成立したという理解である。つまり，社会保障が「バラ色の未来」を約束したのではないという点である。

⑵ 「社会事業の補充性」に関する再説明・補足

孝橋は社会事業の補充性について図を使って再説明している。まず，「社会保障の構造と性格」において用いられているのが図４－４である。そして，『社会科学と社会事業』において用いられているのが図４－５である。

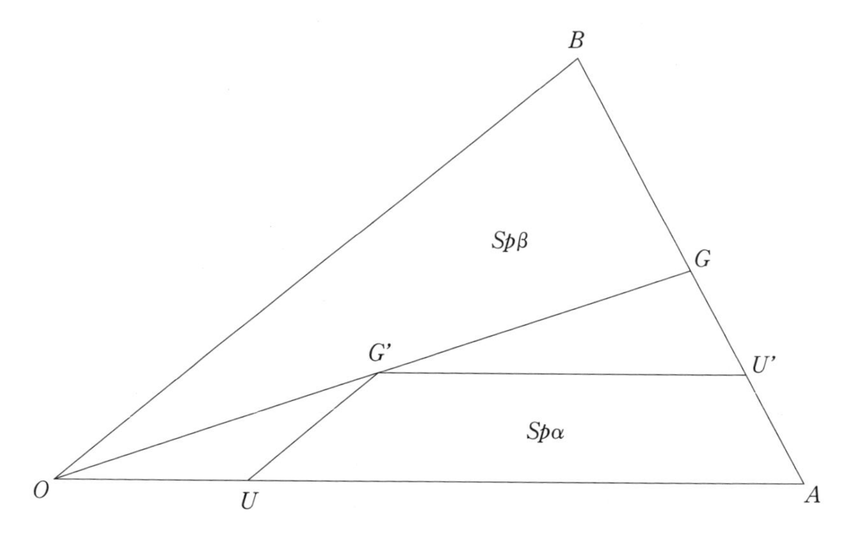

1．$\triangle OAB = Sps$（社会的諸問題）
2．$\triangle OAG = Sp\alpha$（社会問題）
3．$\triangle OBG = Sp\beta$（社会的問題）
4．直線 OG　社会政策の理論的限界
5．直線 UG'，$U'G'$　社会政策の実際的限界
6．$\triangle OAG = Sp\alpha$に対応する社会政策の理論的領域
7．$\square AUG'U' = \triangle OAG - (\triangle OUG' + \triangle GG'U') = Sp\alpha$に対応する社会政策の実際的領域（資本の利潤要求のために曲線 $UG'U'$ はつねに下向の傾向をもつ）
8．$\triangle OBG = Sp\beta$に対応する社会事業の補充性領域
9．$\triangle OUG'$，$\triangle GG'U' = Sp\alpha$に対応する
社会事業の社会政策への代替性領域
10．社会事業の存在・機能領域　$\triangle OBG + \triangle OUG' + \triangle GG'U'$

図４－４　社会事業の補充性と代替性との関係図表①

出典）孝橋〔1966〕p.86より引用

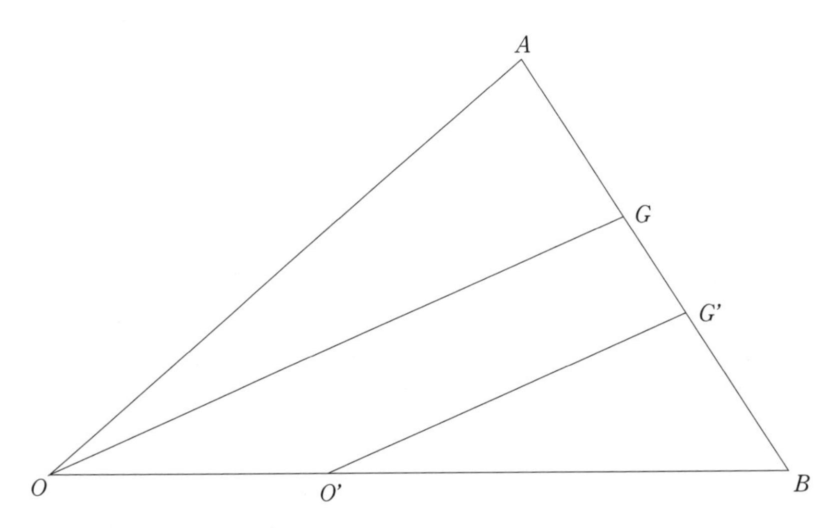

△$OAB=Sps$（社会的諸問題）
△$OGB=Sp\alpha$（社会問題＝社会の基礎的・本質的課題）
△$OGA=Sp\beta$（社会的問題＝社会における関係的・派生的課題）
直線 OG　社会政策の理論的限界
直線 $O'G'$　社会政策の実際的限界
△$OGA=Sp\beta$に対応する社会事業の補充性領域
△$OGB=Sp\alpha$に対応する社会政策の理論的領域
□$OO'G'G=Sp\alpha$に対応する社会事業の代替性領域

図4－5　社会事業の補充性と代替性との関係図表②

出典）孝橋〔1969〕p.209より引用

まず，社会的諸問題が社会問題と社会的問題に分割できるとするとき，孝橋は，その分割を決して恣意的・主観的に行ったのではないと主張する[49]。そして，社会政策の対応領域としての社会問題は，「労働条件の基本問題をめぐる労資間の対立と闘争の課題，したがって端的にそのような意味での労働問題」[50] であると規定しているはずだとする。換言すれば，与田の言う「直接労資関係に関連するもの」[51] を社会政策の課題であると規定しているはずだと。この点については，ひとまず激しい論争とはなっていない[52]。

そうしたうえで，社会問題と社会的問題の関係，またそのそれぞれに対応する社会政策と社会事業の関係について以下のように説示する。

> 利潤経済を前提とするかぎり，資本の譲歩にはつねに一定の限界がつきまとう。労働力の価値がその価値通り支払われることの困難な資本主義的条件のもとにおいては，社会政策の限界の存在はさけがたい。社会政策の限界を理論的に可能な最大限まで押し広げるとしても，そこにはなお労働者の労働・生活諸条件の低さに規定された社会的必要の不充足・不完全充足の課題，それの発展するところ貧困・疾病・犯罪をはじめとするさまざまの社会病理的現象とその悪循環が，さきの労働問題の基礎のうえに関係的に派生する。私はこの種の問題をさきの労働問題＝社会問題と区別する意味で社会病理問題＝社会的問題とよんだが，それに対応するものが社会事業であり，厳密には，これは社会政策に対する補充的施策としての社会事業である[53]。

資本主義経済が存続するという前提に立つのであれば，資本が利潤を一定程度まで追求することは認められざるを得ない。そうすると，社会政策が資本の負担を伴うものである以上，現実の社会的諸問題のすべてが社会政策によって解決されることは「理論的に」あり得ない。そしてその理論的に解決されない問題，すなわち孝橋の言う「社会的問題」を解決することが社会事業の任務となり，これを孝橋は「社会事業の補充性」と呼んだ。さらに孝橋は続ける。

> 現実の社会政策は資本の抵抗のために，理論的限界以下のところに落付く運命をもつ。そこでは本来的に社会政策をもって対応されなければならないはずの社会問題＝労働問題に対して，その代替策としての社会事業が対応する。従来，社会事業とひとくちによばれてきた社会的施策体系は，実のところ，この二つのものの総計である[54]。

少しく言い換えるとこういうことである。すなわち，資本は，さらなる利潤追求欲によって，社会政策負担を逃れようと努力する。その力には抗し得ない場合があり，そうしたとき，本来社会政策で対応されるべき問題が社会事業に転嫁される。つまり，社会政策における資本負担が，社会事業における国民一般の負担へと還元される。これが「社会事業の代替性」である。

与田はこの「代替性」については理解できるとしている。与田の疑問は前述のごとく，「労働者階級を含む国民大衆の社会的必要の不充足を『補充』すべき謂はば社会的基金は何故社会政策という形をとらずに社会事業という形を採らざるをえないのであるか」[55] である。

与田は，孝橋の「社会的諸問題」全体の理解，すなわち，社会事業の対象課題としての生活問題も，労働問題を基盤においているという見解には賛意を示している。疑問は下記の各点に関して呈されている。すなわち，①労働条件に規定された問題であるなら，その中に「もともと社会事業によって補充されるべき」領域がなぜ存在するのか。②本来すべて社会政策で対応されるべきであって，現実に社会事業が対応している領域は社会事業が代替している範囲と考えるべきではないのか。そしてさらに，③資本制的関係が生み出す問題を，「本質的課題」と「派生的課題」に分類できるのであろうか。④分類・線引きするとすれば，そのラインは恣意的なものにならざるを得ないのではないか。

孝橋は，社会事業の補充性についての与田の疑問に対して，『社会事業の基本問題』の後，意味合い上の新しい回答を提出していない。上記引用文は，基本的に従来の主張の繰り返しであるし，『社会科学と社会事業』においても，本章中の図４－５を用いながら，以下のとおり説明する。

> 社会的諸問題の総て〈$\triangle OAB = Sps$〉を対策的におおうことのできる社会政策を想定することは夢想にすぎないので（中略）社会政策は〈$\triangle OAB$〉のうち〈$\triangle OGB$〉の部分である社会問題〈$Sp\alpha$〉にのみ対応し，残された部分〈$\triangle OGA$〉は社会病理問題（社会的問題〈$Sp\beta$〉）としての取扱いを受け，社会事業が補充的にそれに対応する[56]。

これは，基本的には従来の主張を繰り返すのみの説明と言わざるを得ない。

三角形と直線とで作成された図を用いたことも，よからぬ印象を与えたかもしれない。孝橋は，「社会問題と社会的問題」の線引きが，恣意的・抽象的ではないことを主張したかったのであろうが，効果はその逆であったかもしれない。

しかし，この『社会科学と社会事業』の出版を待たずして与田は逝去する。こうして，「社会事業の補充性」をめぐる論争は，結論をみずして終結する。

V　若干のまとめと今後の社会福祉理論・実践への示唆

与田は，一般に社会問題と称されている問題をいずれも資本制的生産関係の矛盾から生成される問題であるとする孝橋の見解に賛意を示した。そこに，「もともと社会事業が対応すべき領域」があるとみたかないとみたか，ここが両者の主張の相異であった。現に社会事業が対応している問題領域も労働条件の劣悪さに起因するのであれば，それは「理論的には」すべて社会政策の対応すべき領域ではないかと考えたのであれば，与田は孝橋よりラディカルであったのかもしれない。

私たちは両者の論争について，結論はみなかったという総括をできるのかもしれない。しかし，より重要なことは，両者が共通する理路を別なる表現方法（私たちからみるならば）で主張したところから学ぼうとすることだと思う。それは，「社会保障は必ずしも社会政策の（前への）発展形態ではなく，社会政策の顚落（転落）形態でもある」とする主張である。厳しい言い方をするならば，社会政策から資本負担を減殺するツールとして，ナショナル・ミニマムなり，生存権なり，そのような「現代的」理念が政治的に利用されたということかもしれない。

その，資本主義の「生活自己責任の原則」とあからさまに矛盾する「すべての国民に対する最低生活の保障」としての社会保障を，制度的に担保するために利用された（ている）のが，現在で言う社会福祉であるということを，私たちは両者の論争から学ぶことができるように思う。

「社会事業から無理にその『代位性』や『慈恵的性格』を引離す必要はなく，むしろそのようなものの中にこそ社会事業の本質を見るべきではなかろうか」[57] という与田の主張と，「六百年の歴史的伝統をもつ救貧法とその変化が，資本主義の発達段階との関連において理論的に解明せられるとともに，現段階の社会事業を論理的に解明する科学的理論体系が，社会政策のそれと同じ程度の高い水準でなされる必要がある」[58] という孝橋の主張との間に，私たちは大きな質的差異を読み取ることができない。両者の共通点を立脚点として議論を進めるのであれば，「拡大された社会保険」なのか，または「社会事業としての社会保険」なのか，あるいは「両棲動物的存在」なのかは，もはや大きな問題ではないようにも思われる。

無論，50年以上前の論争の結果から，即座に現在へのインプリケーションを得ようというのは拙速な態度である。しかし，現在の社会福祉の「混乱」は，孝橋・与田の両氏とも認めた「社会事業の代替性」をめぐって存在しているように思われる。「就労支援」は「職業訓練」ではないのかという疑問，あるいは，「日本型社会保険」である介護保険制度は，実のところ「社会事業」なのではないかという疑問を解決するためのひとつの鍵は，社会事業・社会福祉の代替性認識にあるのではなかろうか。

最後に，社会，具体的には資本主義社会の構造的矛盾から，社会福祉の対象たる生活問題が発生するという視点は重要である。現代の「グローバル化」とは，国家資本主義が国境を越えていくことであり，あらゆるものを商品化するという市場メカニズムが，地球規模でひろがることである。「あらゆるもの」というとき，そこには無論労働力としての労働者という人間も含まれる。また，人間というときそれは大人だけではない。子どもまでもが労働力という名の商品にされてしまっている。そして，その商品化システムを根拠に，岸本・与田・孝橋のいずれもが社会政策・社会保障・社会福祉の根拠とした労働者階級の窮乏化が，今日も進行している。

その「商品経済メカニズム」を無視して社会福祉論の立論はあり得ない。

〈注〉

1）堀川・木原〔1975〕p.1

2）社会科学的社会福祉論の構築へ向けての努力をした研究者が孝橋以外に皆無であると言うのではない。小野哲郎，堀川幹夫，木原和美らはそのような努力を重ねてきた学究であるし，それらの研究は本書第5章でも取り上げられ検討されている。

3）岸本〔1956〕p.42

4）岸本〔1956〕p.42

5）岸本〔1950〕p.233

6）岸本〔1956〕p.42
7）岸本〔1950〕p.234
8）岸本〔1950〕p.233
9）与田〔1965〕p.37
10）与田〔1965〕p.48
11）与田〔1965〕p.5
12）与田〔1965〕p.5
13）与田〔1965〕p.8
14）与田〔1956〕p.55,〔1957〕p.34
15）「であるとも」とするのは，同時に与田は，社会保障の発展的側面も重要視しているからである（「発展と顚落の二重性」〔与田 1957：41〕）。
16）与田〔1965〕p.68
17）与田〔1965〕p.70参照
18）与田〔1965〕p.70
19）与田〔1965〕p.70
20）与田〔1965〕p.71
21）与田〔1965〕p.71
22）鈴木〔1968〕p.3
23）鈴木〔1968〕p.3
24）与田〔1956〕p.63
25）与田〔1957〕pp.36-37
26）与田〔1956〕p.37
27）孝橋〔1969〕p.207
28）孝橋〔1957〕pp.16-17
29）与田〔1958〕p.52
30）与田〔1958〕p.52
31）与田〔1958〕p.52
32）与田〔1958〕p.53
33）与田〔1958〕p.53
34）与田〔1958〕p.55
35）与田〔1958〕p.55
36）与田〔1958〕p.57
37）与田〔1958〕p.61

38）与田〔1958〕p.61
39）与田〔1958〕pp.61-62
40）与田〔1956〕p.63
41）与田〔1958〕p.63
42）与田〔1958〕p.63
43）孝橋〔1966〕p.91
44）孝橋〔1966〕p.91参照
45）孝橋〔1966〕p.90
46）孝橋〔1966〕p.89
47）孝橋〔1966〕p.90
48）孝橋〔1966〕p.90
49）孝橋〔1966〕p.92
50）孝橋〔1966〕p.92
51）与田〔1958〕p.63
52）よく読んでご理解いただきたい，というところであろうか。
53）孝橋〔1966〕pp.92-93
54）孝橋〔1966〕p.93
55）与田〔1956〕p.63
56）孝橋〔1969〕p.209
57）与田〔1956〕p.65
58）孝橋〔1966〕p.91

〈引用・参考文献〉

岸本英太郎〔1950〕『社会政策論の根本問題』日本評論社
岸本英太郎〔1955〕『窮乏化法則と社会政策』有斐閣
岸本英太郎〔1956〕「社会政策学の理論的性格」『経済論叢』（京都大学経済学会）第78巻第１号，pp.29-54
孝橋正一〔1954〕『社会事業の基本問題』ミネルヴァ書房
孝橋正一〔1957〕「社会政策理論の反省と批判―岸本理論の批判を媒介として―」『社会問題研究』（大阪社会事業短期大学社会問題研究会）第７巻第１号，pp.1-26
孝橋正一〔1962〕『全訂社会事業の基本問題』ミネルヴァ書房
孝橋正一〔1963〕『社会政策と社会保障』ミネルヴァ書房
孝橋正一〔1966〕「社会保障の構造と性格―与田柾氏の見解とその批判

的解説―」『社会保障と最低賃金制』（社会政策学会年報第13集），pp.84-94

孝橋正一〔1969〕『社会科学と社会事業』ミネルヴァ書房

鈴木正里〔1968〕「わが国障害児対策の構造―肢体不自由児を中心に―」『大阪経大論集』第66号（与田柾教授追悼号），pp.1-29

堀川幹夫・木原和美〔1975〕『社会事業個別相談』ミネルヴァ書房

松田真一〔1979〕「社会福祉本質論争」真田是編『戦後日本社会福祉論争』法律文化社，pp.3-38

与田柾〔1956〕「社会政策・社会事業―孝橋正一著『社会事業の基本問題』をめぐって―」『経済論叢』（京都大学経済学会）第78巻第4号，pp.349-360

与田柾〔1957〕「社会保障の経済理論」『経済論叢』（京都大学経済学会）第79巻第6号，pp.448-470

与田柾〔1958〕「社会政策と社会保障―孝橋理論批判―」『経済論叢』（京都大学経済学会）第82巻第3号，pp.204-216

与田柾〔1959〕「社会保険概念についての一考察―日本社会保険思想史への覚書―」『経済論叢』（京都大学経済学会）第84巻第1号，pp.25-43

与田柾〔1965〕『社会保障』ミネルヴァ書房

与田柾〔1966〕「社会保障・社会政策・社会事業」『社会保障と最低賃金制』（社会政策学会年報第13集），pp.61-83

与田柾〔1968〕「健康保険組合論」『季刊社会保障研究』第3巻第4号，pp.2-11

第5章

社会科学的対象認識に立脚した社会福祉方法技術論は成立するか

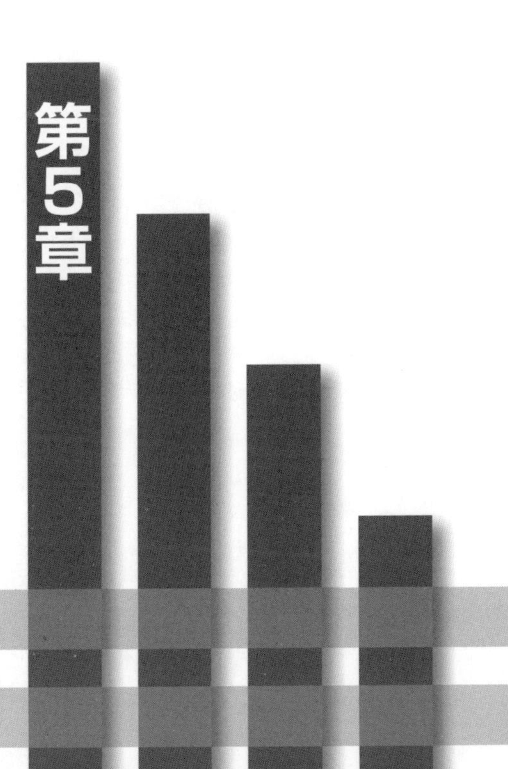

〈要　旨〉

本章の目的は，「社会科学的ソーシャルワーク論」の構築のための，換言すれば，社会福祉政策論と社会福祉援助技術論の統合のための，試論の提示である。そのために，具体的には以下の作業を行うこととする。すなわち，

1）これまでの「社会科学的ソーシャルワーク論」構築へ向けた代表的な研究成果を再検証する。論者としては，孝橋正一，堀川幹夫，木原和美，小野哲郎を取り上げることとする。
2）1）において再検証された各理論に共通する要素を抽出する。
3）これまでの理論の中で，いまだ不足している内容を指摘する。
4）「社会科学的ソーシャルワーク論」，すなわち，「社会科学的に社会福祉の対象問題を把握し，かつ社会科学的な方法を用いて遂行される社会福祉実践のための理論」を構築するためには，何が補われることが必要であるかについて考察する。

以上の４点である。

I 「社会科学的な社会福祉の方法」とは？

社会科学的な（主としてマルクス経済学〔の窮乏化論〕に依拠した）社会福祉理論，とくに社会福祉政策論においては，まず社会福祉の対象を「生活問題」と認識する。そしてその生活問題は，資本制社会の根本的構造矛盾，とくに労働力商品化というメカニズムから生まれるとする。論者によっては，資本制社会の構造矛盾が労働問題を生み，その労働問題が生活問題を生むという，二段階の認識方法を採用する者もいる[1)]。

一方で社会福祉援助・支援の技術論においては，対象を生活問題と措定する論考もみられるが，基本的にはその生成根拠たる資本主義システムそのものは問題とされない。そして，それら理論においては，社会福祉対象者[2)]に個別的に現象した生活上の困難を解決する方法，または社会福祉対象者のニーズを充足させる方法の考察に力点がおかれる。理論的根拠は主として社会学・心理学・精神医学などに立脚する機能論である。

この，社会科学的社会福祉政策論と機能論的技術論との統合は可能か否かという問い，あるいは，社会科学的に社会福祉方法技術論を構築することは可能かという問いは，日本で戦後の比較的早い時期から提出されていた。その問いをめぐる議論の中で，技術論の立場から政策論へと向けられた批判のひとつは，「対象課題が生活問題であってそれが資本制的生産関係の矛盾から生み出されることはよくわかった。では，どうやって現実の目の前の問題を解決すればよいのか」とするものであった[3)]。

この批判に応答する形で，たとえば孝橋正一は，「日本における個別的保護活動のあり方―いわゆる日本的ケースワークについて」を1954年に著し[4]，「体制補完物としてはたらきながら次の段階を展望する」[5]という，いわば「社会科学的ソーシャルワーク[6]論」を提示した。それは，ソーシャルワーカーは，日々対象者の生活問題の解決に尽力しながら，生活問題を生み出す構造の変革を希求する，とするものである。

孝橋理論の影響を強く受け，木原和美・堀川幹夫は『社会事業個別相談』を著し，社会科学的な対象理解を根底においたケースワーク[7]のあり方を提起した。岡本民夫は，アメリカケースワークの系譜を丹念にトレースする作業の中で，思想的中立性を保ちながらも，どの部分が社会科学的であってどの部分がそうでなかったという点について論じた[8]。小野哲郎は，「現状対応的視点」と「現状変革的視点」の統合を主張し，ソーシャルワークが体制を変革する役割をも担うべきであることを主張した。

これらの論説に共通するのは，アメリカソーシャルワーク（ケースワーク）の「改良主義的，かつ，社会への順応を指向する教育・治療的側面」への批判であった。

著者は，社会福祉の対象課題である生活問題が，社会科学的に把握され得るものであるとするならば，生活問題の解決のために用いられる方法・手段もまた社会科学的に理論的でなければならないと，きわめて単純に課題設定をしたいと考える。

では，社会科学的対象認識をもとにした支援技術の展開の基礎となる理論として，いまだ不足しているものは何か。それは，ソーシャルワークの諸技術，すなわち，ケースワーク，グループワーク，コミュニティ・オーガニゼーション（コミュニティ・ワーク），ソーシャル・アクションの，体系的・構造的理解ではないかと思われる。なかでも，ソーシャル・アクションが「社会福祉労働者（従事者）運動」と理解されるとき，それと「当事者運動」や「住民運動」はどのように関連すれば「社会運動」として有効性をもち得るのか，という点についての考察ではないかと思われる。

本章の目的は，社会科学的ソーシャルワーク論の構築のための，換言すれば，社会福祉政策論と社会福祉援助技術論の統合のための，試論の提示である。現在の社会福祉研究において，政策論と援助技術論とが，それぞれの基礎科学を異にすることによって断絶状態に陥っているとすれば，その状態は，何よりも社会福祉対象者にとってきわめて不利益である。その断絶状態を少しでも交渉状態に近づけることが，試論提示の目的である。

具体的には，

1）これまでの社会科学的ソーシャルワーク論構築へ向けた研究成果のうち代表的なものを抽出し，レヴューを行う。

2）1）で取り上げた各理論の共通部分を抽出する。

3）いまだ不足している部分を浮かび上がらせ，その浮かび上がった部分についてどのような理論構成が可能であるか考察する。

という作業を行うこととする。

Ⅱ　社会科学的ソーシャルワーク論の系譜

(1)　孝橋正一

①　ソーシャルワークの「アメリカとヨーロッパ」

孝橋正一は，日本で初めて本格的に，社会科学的な（マルクス経済学に依拠した）社会問題・生活問題認識と，それらの問題への対策の方法であるソーシャルワークとを統合的に理解しようとした，といえよう。

孝橋の着想はきわめてシンプルである。すなわち，「社会事業が，なんらかの社会問題対策でないはずないし，そうだとすれば，それは社会科学の一部門であることは理の当然である」[9] と，つまり，社会問題が社会科学的に把握されるべきであるとするならば，その対策であるソーシャルワークの具体的内容もまた社会科学的に把握されるべきであるとするのである。

この理論は，社会事業とソーシャルワークを統合しようとしたと言うよりも，社会科学の内部問題としてソーシャルワーク問題を考察しようとしたのであると言えるかもしれない[10]。そしてその理論構築の端緒は，アメリカ式ケースワークの，より正確にはアメリカ式ケースワークを日本に無批判な形で導入することへの批判であった[11]。

孝橋は，1930年代から40年代にかけてのアメリカで，ケースワークが「社会的諸条件を調整するというよりは，個人の内面に欲求の不満や性格のゆがみを修正する方向に，とりわけその過程を強調するものとして発展してきた」[12] ことを指摘した。そして，その発展の条件は「アメリカ資本主義の社会経済ならびに文化構造」[13] とそれらに規定された「自由主義，個人主義の支配と人格の形成」[14] であったことを指摘した。であるから，それを日本に持ち込もうとしても無理だというのである。日本の歴史的・社会的条件に適合したケースワークが必要であり，その条件とは，「温存されてきた封建遺制と，社会的諸施策の貧困」[15] と，「社会資源が公・私ともに貧弱で」[16] あることだとする。

一方で孝橋は，日本に導入するとすれば，同時期のヨーロッパ諸国の社会事業が，より適合的ではないかと説示する。曰く，ヨーロッパ諸国では「あまりケースワークだけに社会事業の重心をかけていな」[17] く，そのケースワークも「法令的・経済的アプローチの傾向が強」[18] かったのだという。それは，ヨーロッパ諸国においてはアメリカよりも「資本主義の構造的危機の様相」[19] が強烈に現出していて，「社会的諸問題の解決方法は主として社会保障をはじめとする政策的改善の方向に向けられていた」[20] からであるとする。そして，1960年代における日本のケースワークの眼前には「あまりにも大量の経済的・法令的処理のしごと」[21] が山積し，そういった意味から，日本のケースワークはアメリカ式よりもヨーロッパ式を範とすべきではないかと説く。

当時（1960年代）の日本においては，社会福祉をめぐる社会資源[22] が圧倒的に不足していた。日本より相当前に資本主義システムを走らせていたアメリカにおいては，クライエントの内面的問題を心理学・精神医学の知見を用いて「治療」しようとするケースワーク[23] が行われていたが，日本のソーシャルワークがそれを模倣しても根付かないであろうというのである。そして，社会資源の開発に力点を置いていたヨーロッパ，とくにドイツのソーシャルワークに，日本はより多くを学ぶべきであろうと述べるのである。

② ソーシャル・アクションの重要性

しかしながら孝橋は，「アメリカ社会事業（アメリカ・ソーシャルワーク）」のすべてを否定したのではない。アメリカ式ケースワークの治療主義的側面[24]のみを取り上げて，個人に還元するケースワークとして日本に直輸入することを批判したのである。

すなわち孝橋は，アメリカのケースワークがまず「環境的要素を重視したソーシャル・ケースワーク」[25]からはじまったことを確認したうえで，それが第一次世界大戦後に，「人間の行動の動機や動態的諸関係を研究する心理学や精神医学」[26]に基礎をおくようになったことを指摘する。そして，その人間行動科学にもとづくケースワークが，社会資源が圧倒的に不足する戦後の日本に導入しても根付かないであろうことを指摘したのである。したがって，もしアメリカのソーシャルワークも，社会資源の開発を指向する社会改良的側面を有するものとなったのであれば，それは評価に値すべきものであることを指摘する。そして事実，アメリカのソーシャルワークは，社会改良的側面を有するようになってきたのだとする。

孝橋は，アメリカでは1970年代の段階ですでに，「ソーシャル・ケースワークとならんで，ソーシャル・アクションの二本立てが，社会事業の方法の真の姿でなければならないという主張が強くなってきている」[27]こと，また，ソーシャル・アクションが「アメリカ社会事業界でも1960年代以降，決定的に重要な地位を固めてきている」[28]ことを指摘する。そして，もしアメリカに学ぶというのであれば，このソーシャル・アクションを重視してきている状況にこそ学ぶべきであるのだとした。

具体的には,「日本のアメリカ式ソーシャルワーク（論)」が,「個別的な援助的過程の知識と能力を展開することをソーシャル・ケースワークの特色と思い誤ったり，さらに進んで，このような過程に関する知識と熟練の総体を学問とすりかえたり，それが社会事業体系の基礎・中軸であり，はなはだしい場合には，このような援助過程を技術として，技術が社会事業の本質的要素であると誤認する」[29] ような態度をとることを批判[30] し，ソーシャルワークを取り巻く「社会資源の貧困や社会的条件の低位性を前提」[31] においた「低悪な制度的・政策的措置を改善するための社会的努力」[32] の必要性を主張した。

つまり，日本のソーシャルワーカー・ケースワーカーは，アメリカにも学びながら，社会資源を開発するための努力・運動，すなわちソーシャル・アクションに尽力すべきことを主張したのである。

③ 小　括

孝橋は,

1）社会福祉の対象は資本制的生産関係の矛盾から法則的に生み出される生活問題であり,

2）それは社会科学的に理解されるべきものである。

3）したがってその解決のために用いられる社会資源のありようもまた社会科学的に理解されねばならず[33],

4）そしてその社会資源はクライエントに対し最大限に活用されねばならず,

5）発掘の努力を経てもなお社会資源が不足するのであれば，それを開発する努力がなされねばならない。

という，きわめて「論理的な理論」を採用した。

社会科学的生活問題認識と方法技術論を連続線上にとらえたこの理論は，今日においても，「社会科学的ソーシャルワーク（ケースワーク）論」として評価されるべきであろう。

⑵ 堀川幹夫・木原和美

① 孝橋ソーシャルワーク論の発展形態としての堀川・木原理論

堀川・木原は，孝橋理論にもとづいて，それを発展させ，独自のケースワーク論（社会事業個別相談論）を展開した[34) 35)]。しかしながら今日，堀川・木原理論の意義が，社会福祉の研究，とくにいわゆる「方法技術論」の研究において指摘されることはきわめて少ない[36)]。堀川・木原両氏とも単なる理論家ではなくソーシャルワーカーである（あった）。したがって，両氏の理論は，孝橋の社会科学的ソーシャルワーク論が，実践の場で展開され得るものであるのかどうかを実証するうえではきわめて重要であり，より多くの検討の機会が設けられるべきである。

孝橋理論に強い影響を受けた両氏は，孝橋と同様に，アメリカ式ケースワークの直輸入を強く批判している。

第一の批判は，アメリカ式ケースワークの個人主義的側面に対して向けられている。すなわち，「ソーシァル・ワークの基本概念は，ケースワーカーが個人の人格や能力を判断するというものである。ケースワーク理論の枠組みは拡大され，社会学的知見もとり入れられつつあるが，それは個人を理解するために必要であるという理由にもとづく」[37)] などとする批判である。

第二は，1960年以降，個人主義・治療主義・現象論的ケースワーク，つまり，「人間の生命すら商品化される社会制度そのものと，その社会より生まれる本質的矛盾に対しては，より深く分析することを意識的にか無意識的にか避けて通る道を選んできた」[38] アメリカ式ケースワークが，「増大する社会的諸問題を前にして（中略）混迷と苦悩を続けている」[39]，つまり行き詰まっているにもかかわらず，行き詰まる前のアメリカ式ケースワークを日本に依然として適用しようとしていることに対する批判であった。

② バイスティック批判

以上の概括的な批判を前提として堀川・木原は，各論的に，アメリカ式ケースワークの諸理論の中で，現在でもケースワークの原則としてよく参照されるF.P.バイスティックの掲げる「7つの原則」（正確には「ケースワーク『関係』の7つの原則」）[40] を厳しく批判している。

堀川・木原によるならば，まず「個別化」は単なる「個別相談の呼びかえ」であり，また「秘密保持」は「個人のもつ条件が人に知られるとその個人が不利になるという資本主義社会の基本構造を反映しているにすぎない」ものであって，いずれも「原則」というほどのものではない。

そして，「意図的な感情の表出」「統制された情緒関与」「受容」「非審判的態度」の4つは，「クライエントに対するケースワーカーのコントロールの枠組みを想定するもの」であり，かつ「クライエントを判断したり，基準に照らし合わせたりするのはケースワーカーの側である」ことを意味しているとする。

また，「自己決定」においては，「ケースワーカーの立場から決定させたという枠組」が予定されており，また「ケースワーカーの判断や意図が失敗した場合に，クライエントは援助を利用する能力がなかったのだという責任回避の手段」として利用される危険があるとする[41]。

そして以上を踏まえて堀川・木原は，これ（1975年）までのアメリカ式ケースワーク一般は，個人の価値や人格をケースワーカーの側が判断・判定し，その個人を社会（的諸制度：成文・不文を問わず）に適合させようとするもの，すなわち治療的なものにすぎなかったと，厳しく批判する[42]。そして，R.M. ティトマスのケースワーク論を参照し，それが，ケースワーカーのソーシャル・ポリシー策定機能を重視している点を指摘することによって，孝橋と同様に，ヨーロッパ流のソーシャルワークが，むしろ日本に適合的である点を示唆している[43]。

③ 小　括

堀川・木原によるならば，ソーシャルワーク・ケースワークにおいて活用されるべき社会資源の量と内容には身近な限界があるが，その低い水準の社会福祉保障水準[44]は，労働者全体の生活の最低水準である。

曰く，「社会事業資源の内容は，労働者，大衆に対して国が保障する実質的な基準（実態）を示すものである」「社会事業資源は今，社会的必要の状態におかれている一定の人々だけでなく，すべての労働者，大衆に関係するものとして存在している」[45]と述べるのである。であるから，ソーシャルワーカー・ケースワーカーたちは，国が設定する社会福祉の保障水準を引き上げ，内容を拡大すべく努力すべきであると，堀川・木原は主張するのである。その主張は，「社会事業個別相談が一つの限界にぶち当たったとき，集団活動や組織化によって要求をまとめ，調査や運動によって限界を突破し，それが個々人の要求を充足するという社会事業サイクルによって，個別的アプローチと政策的なアプローチとを関連づけて進めることができる」[46]という著述に端的に表現されている。

そして，限界を突破し内容を拡大しようとする努力は，具体的には，「個々の事例を社会事業的保障の方向へ進め，また患者組織の拡大，各種施設の設置，法律の制定などを具体化するさまざまな活動をするための資料を提供し，活動に参加すること」[47]であるとする。まさに，ソーシャル・アクションの意義の強調である。

この点に関して，以下の著述は実に興味深い。

> 相談員は（中略）資本主義社会でたえず生産されている個人生活の破壊，個人の心身の破壊の基本的な構造を認識するだけでは，何の役にも立たないのである。だから単に社会事業資源を説明するだけのパイプの役だけなら，商店経営者が商品を販売し，その商品の内容を説明していることに等しいのである。その品物が欠陥商品だった場合，メーカーの責任にして，笑顔で販売，親切なサービスを心がけてきたので（それを販売した）小売店の責任ではないと言い逃れることができるだろう[48]。

小売店主をケースワーカーに，ケースワークにおいて動員されるべき社会資源を「商品」になぞらえ，社会資源の僅少さ・貧弱さに対してケースワーカーは何をすべきかを説示するのである。すなわち，

> 本当に責任ある小売店主なら，自分の納得のいかない商品は

> 商品の改良をメーカーに要求するか，販売の中止を求めるだろう。しかし小売店主は弱い存在である。メーカーにつぶされることが目に見えている。小売店はどうするか？　もし本当にそうしようとするなら，お客に訴える以外にない。お客と小売店の主人とは結局，めぐりめぐって同じ社会的立場に立っているはずなのである[49)]。

社会福祉の水準は，私たち勤労国民の生活水準を根底から規定している。そうであるなら，社会福祉対象者とソーシャルワーカーは同じ土俵に立っているはずである。社会資源の僅少さを突破する努力，すなわちソーシャル・アクションは，社会福祉対象者のためのみにあるのではない。ソーシャルワークの本質は，支援する側と支援される側が共同して，社会改良を視野に入れて社会資源の改善に取り組むことである。以上が堀川・木原理論の「核の核」であろう。

⑶　小野哲郎

①「社会科学的ケースワーク」

小野は，「社会科学的ケースワーク」という用語を用いる。そして，社会科学的ケースワークの理論は，「変革的実践性を担保しうるソーシャルワーク論ないしケースワーク論」[50)]であるとする。そして，「『政策論と技術論』の論争以後，最近ではさまざまな論議が展開され，その一つが統合化論でもある」[51)]，「科学的・学問的には政策論立場の本質理解の正当性が承認されたが，現象的にはその重要性と意義がみとめられるソーシャルワークの位置づけ，あるいは相互関係をどのように理論的統合化を図るかという課題が残された」[52] などという著述にみられるとおり，社会科学的ケースワーク論とは，社会科学的社会問題認識にもとづく社会福祉政策論と，具体的方法技術論をいかに統合するか，という課題として提起されてきたし，また今日でもそうであるとする。

では小野にとって，社会科学的ケースワークとは具体的に何であって，なぜそれが必要であるのか。

社会科学的ケースワークとは，小野によると，まず，基本的目標を「資本主義的生産関係の矛盾の克服」[53] におくところの，「社会問題対策としての社会福祉制度・サービス施策の活用と拡充という，いわば社会資源の重要性」[54] が強調・重視されるケースワークである。そしてその必要性は，アメリカ式ケースワークの典型である「治療的ケースワーク」が，「近接領域の精神医学やカウンセリングと混同・混迷をきたし，その独自性・固有性を見いだせない事態に陥る結果を招いた」[55] ところにあるとする。

以上の小野の主張をまとめると以下のとおりである。すなわち，

1）社会科学的な社会問題認識，つまり社会福祉対象認識は概ね承認された。

2）社会福祉の対象が，資本制社会の生み出す生活問題であって，ソーシャルワークが資本制社会の社会福祉政策に対して批判的に対峙せねばならないことに強い反論はみられない。

3）しかし，そのことは理解できても，では具体的にどうすればよいのか。つまり，

4）「日常的活動をとおしていかにしたらその政策批判がなし得るか，といった具体的，実際的な課題にこたえるべき視点と具体的方策」[56] が要請される。

である。

②「生活の社会化」と「生活主体の形成」

そこで小野は，ソーシャルワーク，ケースワークが具体的になすべき内容を「内在的機能」と名付け，その機能は「生活の社会化」と「生活主体の形成」であるとする[57]。

小野の言う「生活の社会化」とは，商品化や外部化という意味での社会化ではなく，「直接的な共同化」である。そしてそれは具体的には「社会的共同消費財ないし生活共同利用施設の欠損・不備に対する社会的対策」[58]として行われる社会資源の活用である。一方の「生活主体の形成」とは，「人間存在としての主体性の抑圧・崩壊をふせぎ，生活主体の保護，回復，発展の援護を行うこと」[59]であり，そのために，社会資源の活用とケースマネジメントによる援護が必要であるとする。

③「現状対応的視点」と「現状変革的視点」

さらに小野は，その内在的機能を発揮するためには，ソーシャルワークまたはケースワークが，「現状対応的視点」と「現状変革的視点」を統合した視点をもつことが重要であると述べる。

「現状対応的視点」とは，「ケースワークの対象である個人や家族の生活問題である，経済的・物質的欠乏や困難とそれらの反映としての生活関係・社会関係の障害に対して，既存の社会資源を最大限に活用して現実的，具体的に解決・援護にあたる」[60]ときに必要な視点である。

他方ケースワーカーが，現状対応的視点にもとづいて日々の業務を繰り返す中では，生活問題に対応する施策，つまりケースワーカーが動員すべき社会資源に不備・欠落・不完全が認められる場合がある。小野は，その場合に「それぞれの問題点や矛盾点をチェック・解明して，その記録を整備することによって（ケースワーカーは〔=著者補足〕）社会資源の改善運動に備える必要がある」[61]とする。この，いわば運動的視点[62]を小野は「現状変革的視点」と呼ぶ。

④ 小　括

小野の主張を著者なりにまとめると以下のとおりである。すなわち，

1）労働者階級は社会的共同生活手段の不備・欠落によって生活問題の担い手となるが，
2）社会的共同生活手段（社会資源）をつくり出すことが「生活の社会化」であり，
3）そうしてつくり出された社会資源を有効に利用することによって「生活主体の形成」が実現する。そして，
4）クライエントと社会資源の間の調整に尽力することがケースワーカーの「現状対応」であるが，社会資源は必ずしも十分ではなく，そこで，
5）現状の変革を指向するという視点がケースワーカーには必要である。もっとも，
6）現状の変革そのものはケースワークの基本的任務ではない。しかし，変革の担い手である社会運動とケースワークの連携は重要性をもつ。

である。

Ⅲ　アメリカ式ケースワークが日本に直輸入されることによるいくつかの問題

以上の，これまでの社会科学的ソーシャルワーク論構築の試みにおいて共通しているのは，心理学・精神医学的アプローチを主力方法とするアメリカ式ケースワークの無批判な導入に対する批判である。しかしながら，小野の著述はさておくとしても，孝橋，堀川・木原の研究からはおよそ40年が経過している。今日の状況にあてはめるならば何が示唆的であろうか。以下3点に分けて述べる。

(1)「社会資源の開発」について

1960年代はもちろん，1970年代においてもまだ，社会福祉をめぐる社会資源は大いに不足していた。その後約40年を経て，日本の社会福祉制度は充実したかのようにみえる。しかし，法律・制度が増えたことと「社会資源」が充実したこととは違う。

たとえば介護保険法が，1997年に制定され2000年に施行された。これを「介護の社会化」として高く評価する向きもあるかもしれない。老人福祉法にもとづく措置が介護保険に根拠を換えることによって「権利としての給付」になったとするような見解である。

しかし，この見解は事実誤認である。高齢者介護は確かに「社会化」された。しかし，その社会化の本質は「商品化」である。要介護高齢者は，厳しい要介護認定を受けたうえで，市場で取り引きされる介護商品を買わねばならなくなった。その購入代金の一定部分が償還されるだけである。しかもその「一定部分」は，制度開始当初9割であって現在もそうであるが，この割合は引き下げられようとしている[63]。

「商品」を「社会資源」のひとつとみる向きもあるかもしれない。しかし，ここでの議論は社会福祉，つまり生活問題対策についてである。したがって，多くの場合購買力を低下させている社会福祉の対象者の前に多くの商品を提示することを「社会資源の充実」と考えるのは理論的飛躍であろう。要するに，現在でも社会資源は不足しているのである。社会的に（法・制度的根拠をもって）提供される，商品ではないサービスが圧倒的に不足している状況にあって，ソーシャルワークにおいては何が起こるだろうか。

(2)　ソーシャルワークの専門性について

社会的サービス，社会資源の不足は，ソーシャルワーカーの専門性を歪める。ソーシャルワーカーの重要な任務がクライエントと社会資源の接合であるという点は論をまたないが，孝橋の言を借りるならば，社会資源の不足は「専門職業性の発展と確立をさまたげ，またケースワークの効果を発揮させないもの」[64] なのである。

つまり，いくら専門性を希求しようとも，社会資源がなければ，する仕事がない。そこでソーシャルワーカーは何をしようとするか。心理学や精神医学の知見を用いてクライエントの内面に向かおうとするのである。ここで，社会資源が僅少な状況には不適合である古いアメリカ式のケースワーク[65] が，社会資源の僅少さによって鎌首をもたげるという，蟻地獄的様相が現出する。

社会資源の僅少な状況でのソーシャルワークの専門性は，個人の内面に向かうベクトルではなく，社会資源を何とかして開発しようとする指向によってはじめて担保されよう。

(3) 社会福祉労働者の労働条件について

ところが一方で，社会福祉の「専門家」は大量に生産されている。たとえば，社会福祉士の登録者数は，2013年で16万人を超えている[66)]。社会資源が僅少である，つまり，ソーシャルワーカーの仕事が僅少である状況に，労働者だけが増加する。このことの顛末は明白である。現在の日本では，労働条件の決定に働く労働運動の圧力が弱く，労働条件，とくに賃金は，多くの場合市場原理にもとづいて決定される。社会福祉労働者の労働条件が向上しないメカニズムはここにある。いくら「社会福祉士を任用せよ」と叫んでみたところで，立派な職能団体を組織している当のソーシャルワーカーが，社会資源の開発に向けての努力を怠れば，労働条件は低下するのが自明の理なのである。

ソーシャルワーカーの重要な業務が社会資源の開発であることは前述のとおりである。ではなぜ現存の社会資源は不足しているのか。

20世紀末以降，介護保険法や障害者自立支援法（現・障害者総合支援法）などの制定・実施によって，社会福祉サービスは大量に生み出された。これらの社会福祉サービスは，前述のとおり「商品としてのサービス」であるから，本章で言うところの「社会資源」ではない。しかし，これら制度・サービスのマネジメントだけでも大量の業務であるし，社会福祉専門職の「仕事がない」状態というのは，普通には想定しがたい。言い換えれば，新たな制度の創設によって，社会福祉対象者側の需要は喚起されたはずであるし，その需要に対応する社会福祉専門職の労働条件は，向上すると考えるのが普通なのではないか。

ところが現実には社会福祉労働者の労働条件は向上していない。

その点に大きく関与しているのが，「要介護認定・支援区分認定」と「一部負担金」という，需要抑制システムである。介護保険法の場合の要介護認定，障害者総合支援法の場合の支援区分認定は，何段階にもわたる複雑なシステムである。利用（希望）者の申請，現地調査，市町村委員会による審査，市町村長による決定，と，要するに面倒である。

しかも，介護保険法の場合，2005年・2008年・2012年の３度にわたる改正によって，認定は厳しくなってきている。少々からだが動きにくいぐらいでは，高い要介護度の認定は行われなくなった。つまり，欲しいサービスを充分に受けられないのである。

一部負担金制度も，需要がおしとどめられる一因である。30万円分のサービスが必要であっても，１割の一部負担金[67]が払えるかどうかが，需要が顕在化するかどうかの決め手となる。

サービスは大量に市場に出回っている。しかし充分な需要が生まれないどころか，需要を抑制するシステムが制度内に組み込まれる。そしてソーシャルワーカーは，実際に顕在化した需要の中だけで業務を遂行しようとする。つまり仕事は増えない。この，需要抑制システムと，そのシステムに社会福祉専門職が甘んじている[68]ことも，ソーシャルワーカー・社会福祉専門職の労働条件を低位におしとどめているひとつの大きな要因である。

では「ソーシャルワーカーが社会資源を開発する」というのは，具体的にはどういうことなのか。

Ⅳ　社会科学的ソーシャルワーク論の構築にとって必要なもの

(1)　支援のための諸方法の構造的理解

ソーシャルワークにおいては，一般に，ソーシャル・ケースワーク，ソーシャル・グループワーク，コミュニティ・ワーク（コミュニティ・オーガニゼーション）などの方法がその実践において用いられる[69]。しかしこれらの諸技法は，たとえば社会福祉士というソーシャルワークの専門職を養成する際に日本でよく用いられている「権威ある」テキストブックにおいても，「ワーカーは，これらの技術を駆使して，クライエント個人やその家族，地域の住民たちと援助関係を形成し，実践を行う」[70]と記載されているのみで，これらがいかに有機的に関連しているかについての記述は，必ずしも十分でない。

つまり，これらの技法が，いかなるしくみのもとでそれぞれ関連しながら必要となるのかという，いわば構造的理解は，先に取り上げた堀川・木原によるもの以外あまりなされてこず，不十分である。

ソーシャル・ケースワークは，個人を対象とする。「純粋かつ古典的なアメリカ式ケースワーク」がもし行われるとすれば，ソーシャルワークはこの段階で終結する（図5－1－①）。しかし，個人は純粋に「個」として生活しているのではないから，ある個人の周辺の，または関連する人々との，集団へのアプローチを，ソーシャルワークはその方法として用いる必要がある。これがソーシャル・グループワークである（図5－1－②）。

一方で，生活問題を抱えるある個人は，歴史的・地理的・社会的ひろがりとしての一定の地域の中で，その現実に規定されながら暮

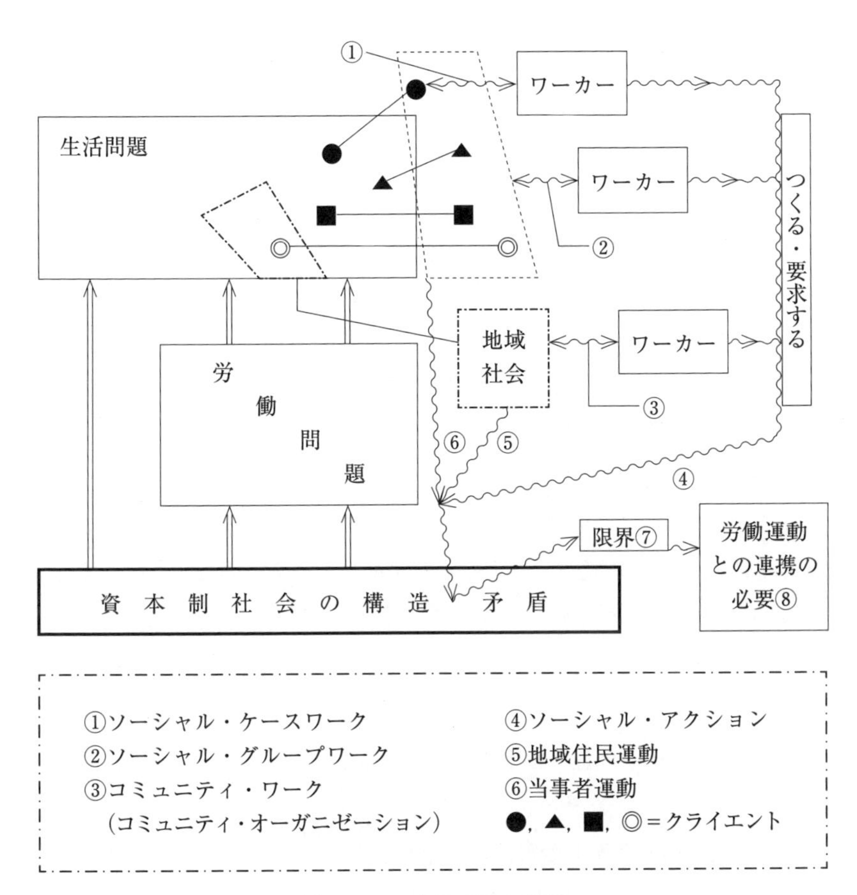

図５－１　支援方法の体系

出典）著者作成

らしている。であれば，その地域のありようを等閑視していたのでは，普通に考えて生活問題対策は効果をあげ得ない。そこで，その地域の歴史的・社会的条件を把握したうえで，生活問題が発生しにくい地域のありようを，ソーシャルワーカーは模索する必要に迫られる。これがコミュニティワークである（図５－１-③）。

そしてソーシャルワーカーは，地域の組織化に尽力する中で，法（法律，命令，条例）と制度に規定された社会資源の不足を発見するであろう。その不足の問題の少なからぬ部分は，地域の組織化のレベルでは解決不可能である。そこでソーシャルワーカーは，社会資源，とくに制度・施策の充実を希求するベクトルを，自身の中に有さねばならない。このベクトルが，小野の言葉を借りれば「現状変革的視点」であり，その視点が実際の運動・行動に移されるとき，その運動・行動をソーシャル・アクション（社会福祉運動）と呼ぶのである（図５－１-④）。

さらに，その社会資源の不足は，資本制社会の基本原則である「生活自己責任の原則」によって政策的にもたらされている[71)]。そして，不足をもたらすメカニズムは社会科学的に把握されるべきである。このような理由で，社会資源の不足に抵抗しようとするソーシャルワークを成立させようとする努力を，私たちは「社会科学的ソーシャルワーク論」と呼び得るのである。

⑵ 「社会福祉運動」から「社会運動」へ

前節においては，社会資源の不足が全くみられないという理論的（ほぼ空想的）状態（現段階では実現不可能な状態）にこの社会が至らない限り，ソーシャルワークはソーシャル・アクション（社会福祉運動）の次元へと向かう必然性をもつことを述べた。さらに付け加えると，ソーシャル・アクションは，上で述べた支援方法の構造的理解によるならば，社会福祉当事者運動ならびに地域住民運動と共同せねばならない（図５－１-⑤，⑥）。

しかしながら，社会福祉運動は，資本制社会の構造そのものを変革することができない。社会福祉は，社会問題の一環である生活問題を対象課題として，それへの対策である労働・社会政策（間接的には一般公共施策）を，最終的に補充または代替する社会的営為だからである[72]。その意味で社会福祉運動は限界を有する（図５－１－⑦）。

構造そのものを変革することができないというのは，つまり，生産関係そのものを変化させることができない，ということである。生産関係，すなわち労使関係，労使の力関係を変化させるために，社会福祉運動は労働運動へと接近し，それへの圧力，推進力のひとつとならねばならない（図５－１－⑧）。この点は，上で紹介した小野の主張とも共通する。

こうして，ソーシャル・アクションに当事者運動と住民運動とを巻き込んだ社会福祉運動が労働運動と連携するとき，それを「総合的社会運動」と呼ぶことができよう。

Ⅴ　ソーシャル・アクションの重要性

冒頭の，「では，どうやって現実の目の前の問題を解決すればよいのか」という問いに対する解答は，以上に述べたつもりであるが，今一度整理するなら，

１）ソーシャルワークは，クライエントと社会資源の接合を基本任務とするが，

２）社会資源が不足する事態において「不足したまま自分の仕事を探そうとする」ことは自らの任務の否定である。

3）社会資源の不足認識に連続するべきは，ソーシャルワークの諸方法の構造的把握であり，

4）その中では，とくにソーシャル・アクション（社会福祉運動）によって，社会資源を開発していこうとする視点と行動が重要な意味をもつ。

である。

続く課題は，社会福祉運動が限界に達したとき，労働運動と連携することが緊要であると述べたが，その連携の方法[73]の具体的検討である。この課題については他日を期したい。

〈注〉

1）たとえば，木村〔2011〕

2）本書では，「社会福祉対象者」「社会福祉利用者」「クライエント」のそれぞれを，ほぼ同一の意味をもつ用語として，文脈に応じて使用することとする。

3）たとえば，岡本民夫は，「個別的保護の全体系が社会科学的方法論によって貫徹されている必要があること，そのことによって社会の中における個人への援助が具体的・現実的なものになると（孝橋氏は＝著者補足）されておられるが，これはソーシャルワーカーが持たなければならない基本的な視角ないし視座であって，それを基盤とした「方法」上の差異が具体的にどのように展開されていくのであろうか」（岡本〔1973〕p.10）と，社会科学的対象認識論によって方法・技術論を構築することの現実的な困難性を指摘している。また若林龍夫は，「この両説（大河内理論と孝橋理論＝著者補足）が社会事業に与えた影響は不幸にしてプラスであったとはいえなかった。すなわち，たださえひよわな社会事業にこれらの説は理論的にも重要度の少ないものとしての位置づけしか与えなかった」（若林〔1958〕p.78）と，社会科学的社会事業論（若林の説によると「社会政策重視論」（若林〔1958〕p.78））を厳しく批判している。さらに，この種類の批判は，1970年代にも続いた。たとえば，坪上宏は，「ワーカーによる個々の援助の

実践が，総体としての歴史的な現代社会の営みとして，いわば本質から現象へと下降的に，しかも手段の一部に位置づけられているのが，政策論におけるケースワークのとらえ方の特徴のひとつであると思われるが，そのためにケースワークの枠組みの設定が，個々の援助の実践とは縁遠いものの方に収斂しがちである」（坪上〔1975〕pp.42-43）と，社会科学的本質認識からケースワークを論じれば，それは現実遊離したものとなると批判している。

4）孝橋〔1969〕pp.195-199所収

5）「社会事業における政策や制度の発展は，それ自身資本主義の構造的合目的性の実現にほかならぬものでありながら，資本主義を克服するエネルギーを蓄積するために貢献している」（孝橋〔1972〕pp.341-342）という表現でも表されている（木村〔2011〕pp.74-75参照）。

6）本書では，「ソーシャルワーク」を，社会福祉における援助・技術の総体を表す用語として使用することとする。

7）本書では，「ケースワーク」を，ソーシャルワークの中における個別的援助技術・方法の意味で使用する。

8）本文中では詳しく取り上げることができなかったが，岡本は，アメリカのケースワークが1920年代以降，社会改良的なものから心理学・精神医学を基礎理論とするものに変化した要因を，アメリカの第一次世界大戦後の経済発展が社会改革運動を衰退させ（「アメリカが迎えた未曾有の経済的繁栄は資本主義の勝利をおうかさせるとともに，これまでの矛盾解消をめざした社会改革の運動を完全に窒息させてしまう結果となった」（岡本〔1973〕p.36）），その物質文明の繁栄に中に精神的退廃が蔓延し，「精神的頽廃と心理的苦痛をもつものが多数出現し，心理的な『治療』を求める人びとが多くなった」（岡本〔1973〕p.36）点に求めている。

9）孝橋〔1969〕p.281

10）孝橋〔1969〕p.266（「社会事業はどこまでも社会事業の土俵で論ずるべきであって，他の学問の土俵へ，我田引水的に課題をすりかえてはならない。私が社会事業の政策的立場をいかに強調したところで，それはどこまでも社会事業のグラウンドにたちつつ，そうしているのであって，けっして社会政策のそれから社会事業をながめているのではない」），孝橋〔1977b〕pp.308-309（「ソーシァル・ケースワークの科学的研究にとって，社会科学的方法によることが内在的であって，それ以外の方法，たとえば心理学や精神医学によることの方が逆に外在的なのである」）等参照

11）孝橋によると，日本のアメリカ式ケースワークは，占領軍によって「強制移植」されたものであり，その移植は，「占領軍当局の至上命令」にもとづく「軍人・軍属による厚生・民主政策の機構と機能の再編成と指導」の一環であり，「日本社会事業の民主化（中略）と生存権実現の社会的実験」であった（孝橋〔1969〕p.149）。この点においても，孝橋にとって「日本のアメリカ式ケースワーク」は，その導入の是非から再検討されねばならぬものであった。

12）孝橋〔1969〕p.262

13）孝橋〔1969〕p.262

14）孝橋〔1969〕p.262

15）孝橋〔1969〕p.263

16）孝橋〔1969〕p.287

17）孝橋〔1969〕p.279

18）孝橋〔1969〕p.267

19）孝橋〔1969〕p.262

20）孝橋〔1969〕p.262

21）孝橋〔1969〕p.263参照

22）「社会資源」は，最広義には家族・親族の扶養能力や，近隣などの相互扶助能力などインフォーマルなものまでを含めた「くらしの問題を解決するためのあらゆる手段」と定義されよう。本書では，これらインフォーマルなものは含めず，法・制度上の裏付けをもつ公的（社会的）に提供されるサービス・給付・保護・支援を社会資源として定義する。

23）孝橋〔1977a〕p.74

24）「アメリカ式ケースワークの治療主義的側面」については，注8）を参照されたい。

25）孝橋〔1977a〕p.74

26）孝橋〔1977a〕p.74

27）孝橋〔1977a〕p.73

28）孝橋〔1977a〕p.80

29）孝橋〔1977a〕p.199

30）具体的には，たとえば仲村優一・中園康夫の両氏が，ケースワークの「本来の任務」を心理学・精神医学的観点にもとづく対人支援であると規定したことと，ケースワーカーはソーシャル・アクションや社会改革的指向について自己抑制的でなければならないと主張したこと，などを批判した（孝橋〔1977b〕p.282参照）。
31）孝橋〔1977a〕p.201
32）孝橋〔1977a〕p.201
33）「既存の社会資源や社会的施策について，その歴史，本質，実態，限界などを充分に検討し理解」することが必要であると述べた（孝橋〔1977a〕p.201）
34）堀川・木原〔1975〕は，その「あとがき」にもあるとおり，あくまでも両氏の共同執筆であって，どの部分が堀川の著でどの部分が木原の著であるかは明らかでない。
35）近年において木原（単独）は，1）資本主義社会の構造が生む社会問題としての生活問題に対する対策として，2）社会保障制度の中に明確に位置づけられ，3）対象者（利用者）の権利保障として行われる社会福祉実践を「福祉保障」と名付け，ソーシャルワークが利用すべき社会資源のうちもっとも重要であるのは社会保障制度であるという点を強調している（木原〔2007〕pp.141-143等）。
36）その少ない指摘のうちひとつに加藤〔2013〕があるが，ここにおいても，「ソーシャルケースワークと社会改良的指向との統合に関しては，筆者が親しく指導を受けた堀川幹夫と木原和美の理論化がある（同p.194）」と，簡潔に指摘されているのみである。
37）堀川・木原〔1975〕p.23
38）堀川・木原〔1975〕p.19
39）堀川・木原〔1975〕p.19
40）アメリカの宗教家・社会事業家であったF.P.Biestekが提唱した，ケースワークにおけるクライエントとケースワーカーの関係についての7つの原則。すなわち，個別化（individualization），意図的な感情の表出（purposeful expression of feelings），統制された情緒関与（controlled emotional involvement），受容（acceptance），非審判的態度（the nonjudgmental attitude），自己決定（client self-determination），秘密保持（confidentiality）の7つである（Biestek〔1957〕）。
41）以上3パラグラフの「　」内は，いずれも堀川・木原〔1975〕p.39

より引用。

42）堀川・木原〔1975〕p.40参照

43）堀川・木原〔1975〕pp.40-41参照

44）孝橋の言葉を借りれば，「社会事業の資本主義的制約」（孝橋〔1972〕p.342)。社会福祉の本質は「資本主義制度の順当な発展」（孝橋〔1972〕p.339）であり，その意味で国家は，資本主義国家にとって合目的的である水準・内容以上に，主体的に社会福祉の水準を引き上げたり内容を拡大したりはしないであろう。そこに運動・ソーシャル・アクションの重要性がある。

45）堀川・木原〔1975〕p.71

46）堀川・木原〔1975〕p.34。引用文中，「集団活動」がいわゆるソーシャル・グループワーク，「組織化」がコミュニティーワーク（コミュニティー・オーガニゼーション)，「運動」がソーシャル・アクションであろう。

47）堀川・木原〔1975〕p.33

48）堀川・木原〔1975〕pp.81-82

49）堀川・木原〔1975〕p.82

50）小野〔2005〕p.99

51）小野〔1986〕p.76

52）小野〔2005〕p.22

53）小野〔2005〕p.25

54）小野〔2005〕p.99

55）小野〔2005〕p.98

56）小野〔1986〕p.72

57）小野〔2005〕pp.102-103

58）小野〔2005〕p.102

59）小野〔2005〕p.103

60）小野〔2005〕p.103

61）小野〔2005〕p.104

62）ただし小野は，この現状変革は本来的には政治・労働運動の課題であるとする。ケースワークは独自の限界を有するが，その限界が社会改良運動との連携を意義あるものとすると述べる（小野〔2005〕pp.104-105)。

63）ちなみに著者は，この「引き下げ」が制度創設当初から織り込み済みであることを，2000年の段階で指摘している（木村〔2000〕参照）。
64）孝橋〔1969〕p.297
65）「アメリカ的なるもの」すべてを否定するのではもちろんない。現在のアメリカにおいては，「ロビー活動」と「アウトリーチ」が社会福祉の特徴としてあげられる（メンセンディーク〔2005〕p.180）。ソーシャル・アクションを重視する今日のアメリカ・ソーシャルワークにこそ学ぶべきであると主張したいのである。
66）厚生労働省ホームページ（http://www.mhlw.go.jp/bunya/seikatsuhogo/shakai-kaigo-fukushi3.html　同前アクセス）
67）保険給付割合の引き下げが企図されていることは前述のとおりである。その引き下げが制度創設当初から織り込み済みであることは注63）を参照されたい。
68）今日では，アメリカでも「アウトリーチ」，言うならばニーズの掘り起こしが，ソーシャルワークの重要な機能であると認識されている（メンセンディーク〔2005〕p.180）。日本ではその機能が十分発揮されていないということである。
69）社会福祉士養成講座編集委員会編〔2009〕p.73
70）社会福祉士養成講座編集委員会編〔2009〕p.72
71）そもそも，労働者の生活を国家が保障する（社会保障）などというのは資本主義の原則にもとるのであって，労働者階級の運動による圧力が弱ければ，社会保障の水準は低下する。ここでは，その低下を食い止める運動的力動のひとつにソーシャル・アクションを位置づけている。
72）木村〔2011〕p.130等参照
73）連携の方法については，簡潔には本書第6章で述べられている。詳細な検討は他日を期したい。

〈引用・参考文献〉

Biestek, Felix P.〔1957〕*The Casework Relationship*, Loyola University Press.
岡本民夫〔1973〕『ケースワーク研究』ミネルヴァ書房
小野哲郎〔1986〕『ケースワークの基本問題』川島書店
小野哲郎〔2005〕『新・ケースワーク要論—構造・主体の理論的統合化—』ミネルヴァ書房

加藤博史〔2013〕『社会福祉の定義と価値の展開―万人の主権と多様性を活かし，格差縮小の共生社会へ―』ミネルヴァ書房
木原和美〔2007〕『医療ソーシャルワーカーのための社会保障論：こころとからだと社会保障』勁草書房
木村敦〔2000〕「権利としての介護保障と介護保険法」『佛教福祉学』（種智院大学仏教福祉学会）第2号，pp.53-74
木村敦〔2011〕『社会政策と「社会保障・社会福祉」―対象課題と制度体系―』学文社
孝橋正一〔1969〕『社会科学と社会事業』ミネルヴァ書房
孝橋正一〔1972〕『全訂：社会事業の基本問題』ミネルヴァ書房
孝橋正一〔1977a〕『新・社会事業概論』ミネルヴァ書房
孝橋正一〔1977b〕『現代資本主義と社会事業』ミネルヴァ書房
社会福祉士養成講座編集委員会編〔2009〕『相談援助の理論と方法Ⅰ』中央法規出版
坪上宏〔1975〕「ケースワークの基本的枠組」小松源助編『ケースワーク論』有斐閣，pp.39-61
堀川幹夫・木原和美〔1975〕『社会事業個別相談』ミネルヴァ書房
マーサ・メンセンディーク〔2005〕「世界の社会福祉の動向：アメリカ」基礎からの社会福祉編集委員会編（代表編者：野村武夫・大塩まゆみ）『社会福祉概論』ミネルヴァ書房，pp.176-185
若林龍夫〔1958〕「社会事業原理」明治学院大学若林龍夫著作集刊行委員会編（1984）『若林龍夫著作集1：ソーシャルワーク論：その原理と方法』相川書房，pp.73-81

第6章

社会福祉・ソーシャルワークの「病理学」

〈要　旨〉

今日，就労支援等の，本来「ゾツィアルポリティーク(Sozialpolitik ＝労働政策の一環としての労働力保全策としての社会政策)」の領域に属する施策が社会福祉の範囲の重要部分を構成するに至った。しかしながら，絶対的貧困の状況はさらに苛烈をきわめている。そして，「ワーキングプア」は減少の兆しをみせない。さらに，中高年層の高い自殺率も依然として深刻な社会的課題であることにかわりはない。

そのような状況下で，つまり，社会福祉が必ずしも社会問題対策として社会的に有効な施策となり得ていない現状において，社会福祉が，「社会問題としての生活問題」，つまり資本主義社会の本質的・構造的矛盾から引き起こされる生活問題に効果的かつ適切に対応できるようになるためには，生活問題の生成メカニズムとその対策としての社会福祉の成立根拠を社会科学的に明確化しようとした研究を再評価する必要があるのではないかと考える。著者はこれまでも，この点に関して論じてきたつもりではあるが，それはいまだ不十分である。とくに，生活問題の成立根拠と社会福祉の社会問題対策体系における位置と役割の社会科学的検討については一定程度なし得ていたとしても，では「どのような実践が可能か」という論点にはいまだ十分に取り組めていないように考える。

そこで，社会科学的社会福祉論を代表すると著者が考える「孝橋理論」に依拠した「ソーシャルワーク実践」，要するに「社会科学的な社会福祉『実践』」のありようを提起すべきではないかと考えるのである。本章はその提起を目標とする。

Ⅰ 「孝橋理論」の今日的意義

仲村優一が「戦後の社会福祉研究の中で後世に残るのは孝橋さんと岡村さん」と指摘したように[1)]，孝橋正一の社会事業理論は，社会福祉・社会事業の対象課題を社会科学・経済学的に解明しようとした点で，社会福祉研究の中では異彩を放ってきた（いる）といえよう。

対する岡村重夫の理論は，社会福祉の対象となる人々の「社会との関係」に着目する，社会学的な社会関係論といえよう。

この両理論の，社会福祉研究界における現在の位置は対照的である。岡村理論は，一貫して今日まで，社会福祉研究における主要理論のひとつであった。現在でも，いわゆる「方法・技術論」は少なからず岡村理論の影響を受けておろう。それに対して，孝橋理論に影響を受けた，社会科学的に（歴史・世界史上の事実から，社会問題・社会的問題の生成に関する法則性を発見しようとする方法論によって）社会福祉の対象課題を明らかにしようとする研究，いわば本質論は，少なくとも今世紀に入ってからはほとんどみられないといってよい。

本質論だけあればよいのであって，方法・技術論は無用であると述べているのではもちろんない。方法技術は，医療・医学でいうならば「治療」「治療学」であろうし，対象課題生成の法則性を体制全体の見地から解明しようとする努力は，同じく「病理」「病理学」に相当するであろう。「治療」と「病理」は車の両輪であろうし，片輪が欠落したまま巨大な研究界がひとつの方向に進むことは，危険ではないかと考えるのである。

今日，就労支援等の本来「ゾツィアルポリティーク（Sozialpolitik＝労働力保全策としての社会政策）」の領域に属する施策が社会福祉の範囲の重要部分を構成するに至った。しかしながら，絶対的貧困の状況はさらに苛烈をきわめ，「ワーキングプア」は減少の兆しをみせず，中高年層の高い自殺率も依然として深刻な社会的課題であることにかわりはない。

そのような状況下で，つまり，社会福祉が必ずしも社会的に有効な施策となり得ていない現状で，社会福祉が効果的に社会問題としての生活問題に対応できるようになるためには，生活問題の生成メカニズムとその対策としての社会福祉の成立根拠を社会科学的に明確化しようとした研究を再評価する必要があるのではないかと考えるのである。そして，社会科学的社会福祉論を代表すると著者が考える孝橋理論に依拠した「ソーシャルワーク実践」のありようを提起すべきではないかと考えるのである。

以上が本章の目的である。

Ⅱ　孝橋正一の主張する「社会的問題」の生成メカニズム

⑴　第一の社会問題：「社会問題」

孝橋は，社会事業の対象課題を「社会的問題」と規定している[2)]。そして社会的問題は，「第二次的な社会的困難」であるとしている[3)]。では，一次的，または「本質的」な「社会的困難」を孝橋は何であるとみたか。

その「第一の社会問題」（孝橋はこれを狭義の「社会問題」と定義し，広義の社会問題を「社会的諸問題」と呼んだ）は，孝橋によると，「資本主義制度の構造的特質から，基本的・直接的に与えられ，それを社会的人間がみずからの上に体現している場合」である[4)]。具体的には何か。孝橋説を踏まえた著者の見解は以下のとおりである。

資本主義経済社会・資本制的生産体制の最も重要な特徴は，あらゆる存在を商品化するという点にある。商品化の原則は，最も基本的でありながら最も矛盾的である。「すべての存在」はモノだけではないからである。ヒトもまた商品である。つまり，生身の存在である人間を商品として市場で売買するという点に「この（現実の）」資本主義社会の本質が存するのであって，そこから不具合が生じるとすれば，実に自然なことである。

労働力商品化され続ける人間は，「商品」である以上，供給量の増加に伴って価格を下落させる，と考えられる。賃金は，人間の生活を維持させるに足るものでなければならないが，労働力商品化が資本主義システムに組み込まれ抜きがたいものとなることによって，「労働力」の価格として取り扱われるようになる。要するに，労働者がどれだけ働こうが，賃金は労働力商品についた値段でしかなくなるのである。労働力商品化が進行し賃金が「労働者という商品」の価格でしかなくなることによって，低賃金（による生活不能）・長い労働時間（なぜなら，商品の買い手は自らが入手した商品をできるだけフルに稼働させようとするであろうから）といった，いわゆる「労働問題」が労働者とその家族の身に降りかかるのである。

しかし「労働問題」という場合の「問題」は，社会において顕在化しているものを本来指す。この点に配慮してか孝橋は，労働力商品化によって，労働条件をめぐって労働者とその家族におとずれる困難を，やや婉曲に「労働条件の基本問題」と呼んだ[5)]。今少し詳細には，以下の引用文が示唆的であろう。

> ここに労働条件の基本問題というときには，（中略）現に雇用され・就労している労働者の労働条件（労働時間，労働賃金，労働環境など）はもちろんのこと，休業・離職している労働者の状態（疾病・廃疾・老令・失業など）やこれらの諸問題に対する労働者の自主的要求組織（労働組合―団結・団体交渉・労働争議など）の課題を含めて意味している[6)]。

孝橋は，この「労働条件の基本問題」を「第一の社会問題」または単に「社会問題」と呼び表すことがあった[7)]。したがって，孝橋がいわゆる労働問題を「社会問題」と呼んだという理解がもしあるとすれば，その理解は誤りではないが不十分である。

なぜなら，孝橋は「社会問題」を狭義の労働問題に限定したわけではないからである。狭義の労働問題とは，現役労働者の労使関係と労働条件とをめぐる悪条件が顕在化した状態である。孝橋は上に引用したように，これに休業・失業・退職者の生活問題までをも含め「社会問題」と定義している。すなわち，狭義の労働問題そのものと，そこに隣接する生活問題をも含め「社会問題」「第一の社会問題」とした。

以上が孝橋のいう「第一の社会問題」の生成メカニズムである。

(2) 第二の社会問題：「社会的問題」

第一の社会問題は，孝橋によると「第二の社会問題」を生成する。

資本制的生産体制にとっての基本的課題である第一の社会問題は，そこから派生的・関係的に，「無知，怠惰，貪欲，飲酒，遊蕩，疾病，自殺，暴力，賭博，麻薬，売春，浮浪，窃盗，犯罪……等々（中略）の社会的変態諸現象」を生む[8)]。これらが孝橋のいう「第二の社会問題」であり，「社会的問題」と呼び表されたのである。これらは，資本制的生産体制の基本的矛盾，すなわち労働力商品化の矛盾を基盤に，具体的には「人と人との関係」とは全くいえない不公正な労使関係と，それを基盤に生成される「第一の社会問題」から産み落とされるのである。労働と生活とは一体をなすものだからである。

したがって，第一の社会問題と第二の社会問題は，たとえば大河内一男がかつて論じたように[9)] その担い手を異ならせるのではない。そうではなく，第一の社会問題と第二の社会問題とを重ね合わせて，労働者階級に属する同じ人々が抱えるのである，と孝橋は説いた。

であるから，孝橋は「いわゆる生活問題」を「第二の社会問題」または「社会的問題」と呼び表した，という理解も，「労働問題＝社会問題」という理解が不十分であるのと同様に，不正確である。孝橋のいう「社会問題」は，労働問題そのものとそこに隣接する生活問題の一部であり，「社会的問題」は，さらにその社会問題から二次的に生み出される生活困難状態である。

そしてさらに，社会問題と社会的問題の合計を「社会的諸問題」と，便宜的にではあろうが呼び表した（図6－1）。

孝橋は，社会福祉の対象課題である社会的問題の担い手を「労働者」と切り離された「被救恤的窮民」と規定することに激しく抵抗した。それは，この資本主義社会が成立するについての最も基本的

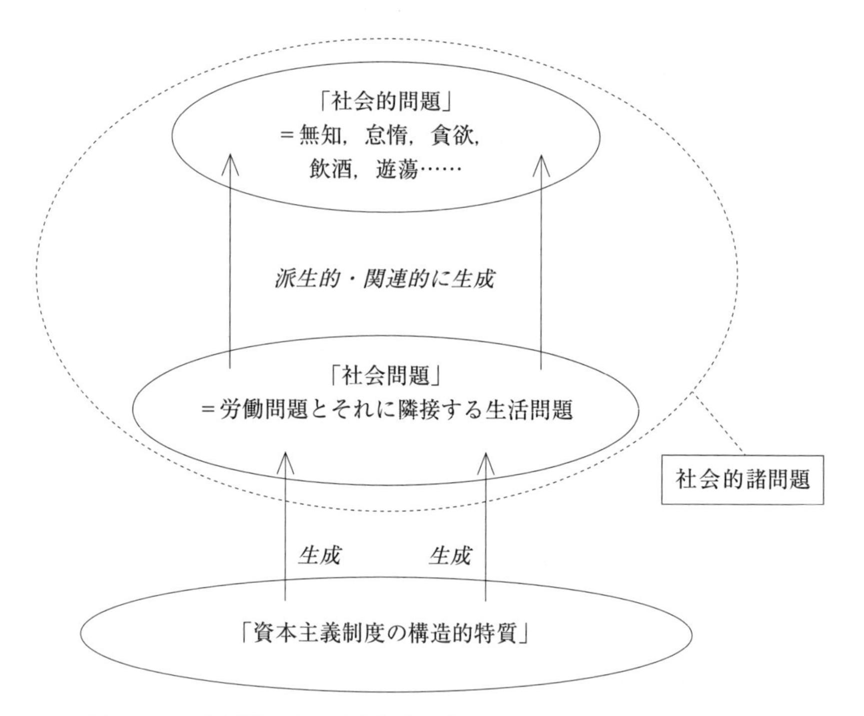

図6－1　孝橋説にもとづく資本主義の矛盾と社会的諸問題との関係

出典）著者作成

な「人間の生産手段からの分離」という事実にどこまでもこだわったからであろう。生産手段から引きはがされた人間は何らかの商品を販売しなければならない。自らの肉体と精神以外に販売するものがない人間が「労働者」である。

そう考えるならば，現役労働者の抱える問題が社会政策の課題であり，一時的または永続的な退役者・失業者や現役労働者に生活を支えられざるを得ない人々の抱える問題が社会事業・社会福祉の課題と，両者を機械的に分離することに，孝橋は理論的整合性を見出せなかったのであろう。

Ⅲ　社会福祉の補充性と代替性

(1)　社会事業の社会政策に対する補充性

孝橋によると，社会的諸問題に対応する第一の国家的施策は社会政策である[10]。孝橋の社会政策の定義は以下のとおりである。

> 資本主義制度の恒久持続性を前提として，労働者を賃金労働者として順当に生産・再生産するために，労働条件の基本問題をめぐる労資闘争の課題を，社会目的にとって合目的に処理しようとする国家の施策[11]

> 雇用・労資関係の基本部分に対応する国家の政策[12]

そしてその内容は，孝橋によると以下のとおりである[13]。すなわち，第一が労働時間・賃金対策などの労働保護，第二が労働能力や労働機会の喪失時対策である生活保障（社会保険），第三が争議権の公認と制限とを表裏一体にした労働組合対策，第四が労使紛争への国家的介入を中心とする国家による労使関係の調整である。

すなわち，社会政策は，雇用保障・労働基準保護を基軸にしながらも，労働力の再生産（生活）にかかる施策，具体的には社会保険をその範囲に含めていかねばならない。社会保険を含めた内容の社会政策をもって国家は，資本制的生産の担い手である労働力商品の再生産の円滑化を図ろうとするのである。孝橋は，定義のうえでは

「労働条件の基本問題」に対する施策と規定したが，内容規定では労働力の再生産にかかる施策を含めている。したがって，その内容規定にしたがうならば，社会政策は社会的問題をもその対象とすることになる。

しかし，社会政策は，すべての社会的諸問題に対応することができない。資本主義社会において，社会政策が貫徹され，社会的諸問題への他の対策が不必要となる事態は，孝橋によると「理論的夢想」である[14)]。なぜならば，社会政策には理論的な限界が存在するからである。

その限界は，社会政策が，直接または間接に資本の負担を要請することによる。たとえば，社会保険は，労働力の濫用を防ぎ順当な保全・再生産を図ろうとする国家が，個別資本に対して費用要求（保険強制）をするものである。また，最低賃金制度は，労働力という商品の実際の取引価格の最低限を，市場原理を修正してまで国家が決定するものである。そして労働時間制度（かつての工場法。現在の日本では労働基準法）は，労働力商品の使用方法・分量に関する個別資本（企業）への国家の介入である。端的にいうならば，社会政策とは搾取の許容量の国家による法的な設定である。

しかしその一方で，一定程度以上の利潤を個別資本が確保することなしに，つまり，ある程度までの搾取を国家が認めない限り，資本主義社会は維持されない。資本主義社会は，搾取を前提とした経済社会である。

「資本が負担し得る，また負担しなければならぬ最高限度を負担」し[15)]，社会問題のすべてに社会政策が対応するとしても，社会的諸問題のうち，社会的問題がなお対策されずに残ることとなる。そこで，社会的問題に対応することによって社会政策を補充するのが，孝橋によると社会事業なのである。社会政策の理論的限界性から，「直接的にそれ（社会政策＝著者補足）を補充する社会的施策としての社会事業」が必要となるのである[16]。最低賃金制度や医療・年金保険制度の対象・期間・金額などの，社会的問題に対応するものとしての限界を社会事業（社会福祉）が補充するのである。「社会政策がその理論的限界まで到達しているものと仮定すれば」[17]，つまり，最低賃金制度や社会保険が「やれるところまですべてやる」のだとすれば，社会事業・社会福祉はあくまでも社会政策の補充策である[18]。

社会政策が「社会問題」すべてをその対象とするのであれば，社会事業は「社会的問題」への対策にとどまるのであり，その状態を孝橋は「社会事業は，まず，社会政策の補充策である」と表現したのである。

⑵　社会事業の社会政策に対する代替性

しかしながら，孝橋によると，個別資本はつねに社会的負担を少しでも回避しようとする。それは，「社会発展の後進性にもとづく社会政策の貧困の段階から資本主義の高度の発展に対応した社会保障の各制度の氾濫の段階にいたるまで」である[19]。つまり法則的なのである。社会政策は，理論的限界以下で，労使関係つまり「労資の力のバランス」[20] 如何では遥か下で，実際的限界を有するのである。社会政策によってカバーされない社会問題が実際には多く存在してしまうのである。

その社会政策の範囲外におかれた社会問題は社会事業の対象とな

らざるを得ない[21]。他に対応することができる社会的施策は存在しないからである[22]。「社会事業によって最終的に拾い上げられ」るのである[23]。簡単にいうと，社会事業・社会福祉は，本来社会政策が担当すべきであってやらなくてもいい仕事までさせられる傾向をつねにもつ，ということである。これが，孝橋のいう社会事業・社会福祉の社会政策に対する代替性である。

孝橋は，すべての著作において，一貫して，社会事業は社会政策の補充策であっても代替策であってはならないと説く。負担は負うべきものが正しく負うべきであるとの主張であろう。著者は，この点について強く同意する[24]。

この点に関する著者の見解として，近年の，「就労支援」が社会福祉の重要な内容としてクローズアップされてきた制度動向への問題意識について述べておきたい。

障害をもつか否か，性別は何か，現に働いているか否か，など関係なく，労働者を市場取引に耐える労働力商品として陶冶するという営みは，いったい誰の権限・責任においてなされねばならないのか。

端的にいえば，就労支援は企業内外での労働者教育（教育施策としての職業訓練または企業内研修の類）であって，社会福祉が「自立支援」の名において担当すべき施策ではない。就労支援が声高に叫ばれることは，孝橋のいう社会福祉の代替性の実例，または社会事業に負わされた「身にあまる重荷」であると思われてならない[25]。この著者の主張を補強するものとして，孝橋の説示を引用しておきたい。

> 社会事業が自分自身の本質と任務をはなれて社会の基礎的・本質的政策の位置づけに代替するとき，みずからの無能[26] を告白するばかりでなく，問題をそれに対応する正当な政策から奪いとることによって，かえって社会の合理的な発展をさまたげ，問題の解決を困難にみちびくものであることは，このように歴史の経験が証明する事実であった[27]。

この点に関して，永田らは，日本の就労移行支援事業所での１年間の就労移行達成率がわずか16％程度であったことを指摘している[28]。この「16％」を，孝橋のいう「歴史の経験が証明する事実」のひとつと思わざるを得ない。

Ⅳ　孝橋理論に対する批判と反論

⑴ 「技術論」的立場からの批判・それに対する孝橋の反論

以上のような，ときには冷徹に現社会すなわち資本制的社会の「事実」を直視し，社会福祉が社会政策の補充策ではあっても代替策であってはならないとする理論に，まずは，技術論的立場に立ちかつ社会福祉の現場に近い研究者からの批判があった。たとえば，園直樹は，孝橋が以下のように「社会保障」と社会福祉の関係について述べていると理解したうえで批判した。

> 社会福祉は未だ充分でない又は財政的な制約をもつ社会保障の補充又は後保護であり家来であると考える。即ち社会保障をサシミとすると社会福祉はツマである。この立場は比較される

> 二つに予め優劣をつけるのである。経済が親であり社会保障が嫡出子[29)]，そして社会福祉は私生児であると云うのが吾々のモットーである[30)31)]。

上記の見解にはそもそも誤解と不明点が多く，参照するに値しないかもしれない。たとえば，孝橋は社会保障と社会福祉を対置させたのではなく，むしろ社会福祉を社会保障の枠内にとらえるべきであるとした。また，園が「経済」をどのように理解したかも不明である（孝橋は資本主義経済の運動法則がこの社会に貫徹しわれわれの生活に具体的影響を及ぼすことについて述べたのであって，少なくとも「経済」「社会保障」「社会福祉」と順に並べたのではない）以上，引用する研究としては条件を備えていないかもしれない。

しかし，「なぜ社会福祉を社会的諸施策全体の中で『低位』に押しとどめようとするのか」という疑問は，当時の技術論的立場からの批判の主要な論調であったようで，孝橋はこのような批判に一定程度丁寧に応答している。

孝橋はまず，補充性を指摘したのは「社会的諸問題の緩和解決のための社会的方策施設の構造的体系上における社会事業の位置づけに関する客観的事実の認識であって，主観的評価の課題でない」と，社会政策と社会福祉に優劣をつけようという趣旨によるものではないと反論している[32)]。そして，以下のような例をあげ，研究者の主観的判断という名の恣意を戒めている。

> 天体の構造において月が地球自体でなく，その衛星であることのゆえに，月を専門的に研究する天文学者が，自己の学問と

職業を「格下げ」されたと嘆き憤るであろうか。この場合，研究者の恣意的な主観的判断または感情的評価が，事実の客観的認識に先行する態度こそ，いましめられなければならないものである[33]。

そして，万一補充性が低位性を現実に意味してしまっている場合にあっても，「技術性ないし専門職業性の強調によって社会事業の独自性を主張」することは，社会福祉の低位性からの回復の手段とはなり得ないと孝橋は主張する[34]。

孝橋によると，補充性という社会的事実の認識を欠落させ，ある人をして社会事業・社会福祉・ソーシャルワークに夢と希望のみを抱かせること，つまり「社会事業にはずむ期待をかけ，そのうえ身にあまる重荷を負わせる」ことは，ソーシャルワークを「観念の遊戯」に陥らせてしまうのである[35]。

ある行為が，この場合社会福祉の仕事・ソーシャルワークという仕事が社会的実践と呼べるようになるための条件は，まず社会的事実を認識することである[36]。著者はこの点に関して孝橋の主張を支持する立場にある。すなわち，社会福祉は社会政策の補充策，ときには代替策として，資本制的生産体制の維持・存続という役割を国家独占資本から期待される。これが著者の考える社会的事実である。ソーシャルワークという仕事は，この点の認識があってはじめて社会的実践としての第一条件を満たす。

では，この点を認識したうえで，方法・技術，すなわち目前の問題の当面の解決に終始するのでないとしたら，少なくともその解決がソーシャルワークの「目的」ではないとすれば，社会福祉・ソーシャルワーク実践は何を目指すべきものなのか。この点についてはＶ節で述べることとする。

(2) 「運動論」的立場からの批判・それに対する孝橋の反論

一方で，真田是・宮田和明・高島進らの「社会福祉運動論者」または「新政策論者」と称される研究者たちからは，さらに激しい批判があった。孝橋は社会福祉の本質認識に関して「運動」の役割を軽視している，という批判である。たとえば，真田は，孝橋の社会福祉政策論が，資本制国家の政策意図以外の何も社会福祉政策の形成と発展に寄与することができないと述べていると理解したうえで，次のように批判する。

> 資本の政策が関係する領域は資本の政策意図で水も漏らさぬように打ち固められた一枚岩の体系とみなされ，政策としての「本質」とは，この水も漏らさぬ一枚岩の体系を意味するものにされてしまっている[37]。

そして真田は，資本制国家の政策意図以外では，「運動」が社会福祉政策のありように影響を与えると考え，孝橋理論にしたがって考えるならば以下のような矛盾が生じると述べた。

> セツルメントや国家の制度的承認を受ける以前の保育所や朝日訴訟・堀木訴訟・藤木訴訟などの運動は社会福祉の領域外に放逐され，宙に浮かされることとなる[38]。

孝橋が「運動」を軽視していないことは，社会福祉の代替性の大小が，労使の力関係，すなわち労働運動の力の強弱によるとしたことから，すでに自明である。「労働運動の圧力は，すくなくとも社会政策をその理論的限界にまで押し上げようとする」と孝橋は述べるのである[39)]。そして，社会・労働運動の圧力が高まり，社会的諸問題対策体系の中で社会政策の守備範囲が適正な水準までひろがることが，社会福祉の充実にとって重要であると考えたのである。

ではあるが，孝橋はこの批判に対して，自分が論じたのは社会福祉の本質であって，「運動論者」からの批判は「本質」を提示していない以上批判となり得ていない，という趣旨で以下のように反論した。

> 「社会福祉」を本質論的に打ち出すなら，運動論者が目の敵にしている「社会福祉」の本質は，理論的にも実際的にもいわゆる「体制補完物」と「合目的」性を承認しないでは，それを通り抜けることはできなくなるからである[40)]。

この点はひとつのポイントである。運動論者が批判したのは，孝橋が，社会政策のみならず，社会福祉をも資本制国家の合目的的施策，すなわち体制補完物であると規定した点である。しかしそうであるならば，運動論者による批判は的を射ていない。なぜなら孝橋は，社会福祉は社会的事実として体制補完物であるが，その地位にとどまるべきであると述べているのではないからである。

すなわち，現実の社会福祉の仕事は「構造的合目的性の実現」[41)]の地位にとどまっても，その仕事が進められる中で社会福祉は「資本主義を克服するエネルギーを蓄積するために貢献している」[42] と孝橋は述べるのである[43]。孝橋は，社会福祉の実践は，現実には体制補完物として機能しながら，社会体制の変革をその視野に入れるのであると論じた。つまり，体制の「補完と変革」という矛盾する２つが，社会福祉実践の内部において合一するべきであると，弁証法的に考えたのであろう[44]。このような意味でも孝橋は，「社会事業」に運動的意味合いを込めたのではないか。

以上，孝橋理論を小括すると，

1）社会福祉は，社会政策の補充物，ときには代替物であって，

2）その代替性の大小は労使の力関係によって決定されるが，

3）いずれにしても資本制国家にとっての体制補完物としての役割を与えられたものである，というのがその本質である。

4）しかし社会福祉は体制補完物の地位にとどまってよいのではなく，

5）社会事業・社会福祉事業・ソーシャルワークが社会の変革をその目標におくことによって，

6）社会福祉は，その内部で「体制補完」と「社会変革」という相矛盾する両者を合一せねばならない，

となるであろう。

では，現在の社会福祉とその対象となる人々の状況に照らし，孝橋理論をさらに展開するとすれば，何を補えばよいのであろうか。

V　孝橋理論への補足

(1)「ソーシャルワーク≒ケアマネジメント」という理解に関連して

「マネジメント」とは，もともと「(限られた範囲のもので）やりくりする」「うまい処置」などという意味である。何らかの生活上の困難を抱える人と,「現実に」利用できる社会制度・資源を結びつけるというソーシャルワークの「技術」はきわめて重要である。しかしながら，ケアマネジメントは，ソーシャルワークの一技術であってソーシャルワークの本質でも目的でもない。

社会福祉という仕事・ソーシャルワークにおいては，ケアマネジメントをひとつの代表とするさまざまな方法によって問題解決が図られながら，その問題を生み出さない社会を希求して社会変革が目指されねばならない。その社会変革のためには，問題を生み出す構造の社会科学的分析（歴史上の事実から法則性の理解を獲得しようとする態度による研究）が必要となる。

具体的な問題解決へ向けた日々の集団的・組織的努力の継続（「治療」「臨床」）と，問題生成構造の社会科学的把握（「病理」「病理学」）が同居するとき，ソーシャルワークは，社会的・組織的・継続的な営みとなり，それにはじめて社会的実践の名が与えられる。

(2) 社会運動としてのソーシャルワーク：労働運動との関係

ソーシャルワークは，社会・体制の変革をその目的とすべきであるというのは，換言すれば，ソーシャルワークが運動的側面を有するべきである，ということである。「社会運動としてのソーシャルワーク」と表現できようか。それは今少し具体的にはどのような意味であろうか。その点について考えるうえで，以下の朝日雅也の主張は示唆的である。

> 「働きたい」を支援する就労支援には，一般労働市場から疎外された人々を単にそこへと移行せしめることが就労支援ではなく，多様な暮らし方を実現するうえで，就労に焦点化した支援を展開し，必要であれば，労働市場の変革も含めたソーシャルアクションをも含む主体的な支援が求められており，この側面も，今後の職業リハビリテーションにつらなる考え方であろう[45]。

この資本主義社会を変革するというときには，社会を根底で規定し，しかも最も鮮烈な矛盾をはらむ構造に目を向ける必要がある。資本主義社会の最大の矛盾（あり得ないはずであるが現に進行していること）は「人間の労働力商品化」である。では，商品化を廃絶するための戦いにソーシャルワークは取り組まねばならないか。その主張もありうるが，これは革命である。

資本主義経済体制を維持しながらの変革の主張に対しては「修正主義」との批判があろう。しかし，現実に可能な選択肢としては，この「修正」または「社会改良」しかないように著者には思われる。具体的な方法は何か。

主観的には人間である労働者が，客観的には商品である労働力として取り引きされるシステムが労働市場である。上で引用した朝日は，労働市場の変革を主張する。なるほど，労働市場なるシステムはこの資本主義社会最大の矛盾的装置であろうし，これによる労働疎外を殲滅するべく，ソーシャル・アクションという方法を用いながら，ソーシャルワークが社会の変革を求めることは，必ずや必要であろう。しかしそのことは，ひとりソーシャルワークだけでは成就されない。

孝橋のいう「第一の社会問題」は，本来社会政策の対象課題である。しかし，その少なからぬ部分は現在，社会福祉によって代替されている。国民年金・国民健康保険・介護保険などはまがいもなく社会福祉であるが，これらによって担われている課題の少なからぬ部分は本来社会政策として国家のみならず資本が相応の負担を負わねばならない。代替的であるといえるのは，退職者や非雇用労働者のみならず現役または失業労働者の所得保障・医療保障の一部をもこれらの制度はその範疇に含んでいるからである。そして，この代替性の拡大は根本的には日本の労使関係の歪みによる[46]。

適正な労使関係の構築によって労働疎外を食い止めるのは，労働運動の役割である。しかし，日本の労働運動は，直截にいって，強くない。そこでソーシャルワークは，労働運動を活性化させるべく，それと組織的に共同する必要がある。ソーシャルワークの職能団体と労働組合のナショナルセンターが，中央・地方それぞれのレベルで連携・共同するというのが具体的な方法である[47]。

日本の労働組合には，社会福祉側からの生活問題対策にかかる連携・共同の働きかけを受け入れる素地がある。日本労働組合総連合会（連合）の2005年第9回定期大会では，「地方連合会・地域協議会改革の具体的実施計画」が承認され，「ライフサポートセンター(LSC)」の設置が提案された[48]。「ライフサポートセンター」とは，一般市民を対象に生活相談を行うことを目的とする組織であり[49]，これが設置された都道府県は2009年５月現在で40に達している[50]。一例をあげよう。山口県のLSCである「山口あんしんネット」は，①就業相談・職業紹介，②労働なんでも相談，③福祉・生活相談，の３つに対応している。①の場合はハローワークなどが連携先である。②の場合には社会保険労務士など，③の場合には社会福祉士などと連携できるシステムが構築されている[51]。

また連合は，まず労働相談体制を確立させ，それを労働者とその家族の生活相談へと発展させていくべきであることを，2006年の段階ですでに提言している。そして，その発展はひとり労働組合によってはなされ得ず連携先が必要であることが提示され，その連携先として社会福祉士が掲げられている[52]。

LSCなどにみられるように，労働組合は生活問題対策をその課題とせねばならないとすでに自覚しはじめている。これを機に，社会福祉側は生活問題対策についての連携・共同の強化を労働組合側に提案すべきである。そしてそれは，上段でみたように，地方レベルではすでに始まっている。労働組合と社会福祉側（とくに職能団体）とが中央レベルでも連携（具体的には連合をひとつの代表とするナショナルセンターと，日本社会福祉士会をひとつの代表とする社会福祉の職能団体との連携）を強化することによって，社会福祉は「身にあまる重荷」を少しずつ返上することとなろう。その返上によって，社会福祉においては内的充実の希求がはじめて可能となる。内的充実の具体的方法のさらなる探求は，方法・技術論の碩学にゆだねたい。無論研究においても共同は必要である。

Ⅵ　社会福祉研究における「臨床」「病理」「衛生」

繰り返しになるが，社会福祉においては，研究面での「治療・臨床」と「病理・病理学」の連携・共同と，実践面での労働運動とソーシャルワークの連携・共同が求められる。そして，「病理学」の成果としての社会問題・生活問題生成メカニズムの理解は，問題を生み出しにくくする構造をつくっていくことに必ずやつながろう。それは，「病理学」が「衛生学」，つまり疾病の予防についての研究と臨床に影響を与えることと似ている。

今後さらに，社会福祉における「臨床」「病理」「衛生」３者の統合について論じたいが，本章，したがって本書の課題はここまでと考え，別論にゆずることとする。

〈注〉

1）古川〔2012〕p.278

2）「社会福祉」を「社会事業」の同義語として使用することを，孝橋は「社会事業，社会福祉事業という用語はまったく同義語であって，通俗的にはいずれを使っても差し支えない。（中略）もしも“社会福祉”という用語を使うなら，やはり厳密に“社会福祉事業”とか“社会福祉政策”と呼んで，その内容が端的にわかるように表現すべき」（孝橋〔1977〕p.168）と，条件付きで承認している。

3）孝橋〔1972〕p.35

4）孝橋〔1972〕p.33

5）孝橋〔1972〕p.33

6）孝橋〔1972〕p.34

7）孝橋〔1969〕p.27等

8）孝橋〔1972〕p.37

9）大河内〔1954〕p.269

10）現代社会における「社会政策」をどのように定義するかについて定

説はないといってよい。今日では，国民の福祉を増進するための政策全体に拡大した定義がひとつの中心であるが，本書にその定義のありようを議論する余力はなく，別論の課題としたい。

11）孝橋〔1963〕p.12

12）孝橋〔1977〕p.26

13）孝橋〔1963〕pp.15-18

14）孝橋〔1969〕p.209，〔1972〕p.62

15）孝橋〔1969〕pp.211-212

16）孝橋〔1972〕p.62

17）孝橋〔1972〕p.63

18）ちなみに孝橋は，社会事業は一般公共施策をも補充すると説く。たとえば，学校教育に関して，授業料そのものは不要であっても修学費が別途必要である場合の教育扶助などである（孝橋〔1977〕p.18）。

19）孝橋〔1972〕p.63

20）孝橋〔1969〕p.210

21）孝橋〔1969〕p.210

22）この意味で，社会福祉は，なるほど「セーフティーネット」である。

23）孝橋〔1972〕p.45

24）木村〔2011〕pp.147-148参照

25）孝橋〔1972〕p.340

26）現在では文脈によっては不適切な表現であるが，当時の社会状況における被引用者の意図を尊重し，そのまま引用した。

27）孝橋〔1972〕p.65

28）永田他〔2012〕p.44

29）現在では不適切と解される表現であるが，当時の社会状況における被引用者の意図を尊重し，そのまま引用した。

30）園〔1961〕p.121

31）注26）と同様である。

32）孝橋〔1969〕p.201

33）孝橋〔1969〕pp.201-202

34）孝橋〔1969〕p.203

35）孝橋〔1972〕p.340

36）木村〔2011〕p.73参照

37）真田〔1979〕p.235

38）真田〔1979〕p.235
39）孝橋〔1969〕p.210
40）孝橋〔1982〕p.357
41）孝橋〔1972〕p.341
42）この「資本主義の克服」が，革命を意味しているのか社会改良を意味しているのかは不明である。著者は社会改良の立場に立つ者であるが，孝橋のこのときの意図がどちらであっても彼の論旨に変化はないと考える。
43）孝橋〔1972〕pp.341-342
44）木村〔2011〕p.74
45）朝日〔2012〕p.12
46）孝橋〔1969〕p.210，木村〔2011〕pp.144-148
47）ちなみに，日本のソーシャルワーカーの職能団体のうち，社団法人日本精神福祉士協会は，その『倫理綱領』の中で，社会に対する責務としての「社会の変革」を明記しているが（「倫理綱領」－４），社団法人日本社会福祉士会は，その『倫理綱領』『行動規範』いずれにおいても，「社会変革」という言葉を明記していない。
48）中村〔2010〕p.160
49）中村〔2010〕p.139
50）中村〔2010〕p.160
51）中村〔2010〕pp.164-165
52）日本労働組合総連合会〔2006〕pp.20-21参照

〈引用・参考文献〉

朝日雅也〔2012〕「職業リハビリテーションの方法」日本職業リハビリテーション学会編『職業リハビリテーションの基礎と実践』中央法規出版，pp.7-13
大河内一男〔1954〕『増補 社会政策の基本問題』日本評論新社
木村敦〔2011〕『社会政策と「社会保障・社会福祉」―対象課題と制度体系―』学文社
孝橋正一〔1963〕『社会政策と社会保障』ミネルヴァ書房
孝橋正一〔1969〕『社会科学と社会事業』ミネルヴァ書房
孝橋正一〔1972〕『全訂：社会事業の基本問題』ミネルヴァ書房
孝橋正一〔1977〕『新・社会事業概論』ミネルヴァ書房

孝橋正一〔1982〕「『社会福祉』運動論への再批判―主として真田体系，宮田論文への反批判―」孝橋正一編著『現代「社会福祉」政策論』ミネルヴァ書房，pp.353-374

真田是〔1979〕「社会福祉理論研究の課題―岡村氏・孝橋氏の理論を借りて―」真田是編『戦後日本社会福祉論争』法律文化社，pp.220-258

園直樹〔1961〕「社会保障とソーシャル・ケースワーク」『京都府立大学学術報告（理学及び家政学）』第3巻第3号C系列，pp.151-156

永田ゑみ子ほか〔2012〕「就労移行支援事業所にて就労を目指す一事例：自己表現が苦手な精神障害者の就労支援における交換ノートをとおした関わり」『保健医療技術学部論集』（佛教大学）第6号，pp.43-51

中村圭介〔2010〕『地域を繋ぐ』教育文化協会

日本労働組合総連合会（連合）〔2006〕『How To 地域自主福祉ネット：ワンストップサービス展開の手引き』第一総合研究所

古川孝順〔2012〕「岡村社会福祉学に学ぶ」松本英孝・永岡正己・奈倉道隆編著『社会福祉原理論』ミネルヴァ書房，pp.278-282

あとがき

本書を締めくくるにあたり，多くの方々に対する感謝の気持ちを述べたい。

第4章で取り上げた故・与田柾教授とは，無論面識はない。著者がまだ3歳のときに逝去されている。故・与田教授の著書を手に取ったときから，何か説明することのできない不思議な思い—「親近感」というのであろうか—を感じていた。いつか自分なりに一生懸命読んでみたい，というような。著者の勤務先と同じ大阪府下の私立大学の経済学部に勤められていた，というだけではない，不思議な縁を勝手に感じていることを，浄土からおゆるしいただきたい。

恩師である井岡勉・同志社大学名誉教授とは，現在も親交を続けさせていただいている。前『社会政策と「社会保障・社会福祉」—対象課題と制度体系—』に対しても，不明な点・不足している点などをご指摘いただき，ご指導いただいている。この場を借りて感謝申し上げたい。いつまでも手のかかる弟子とお思いではあろうが，いつまでも厳しくご指導いただきたいと念願するばかりである。

前書『社会政策と「社会保障・社会福祉」—対象課題と制度体系—』は，故・三塚武男・同志社大学名誉教授が主宰された「社会福祉論の基本問題研究会」における研究成果の一部であった。本書はいわば前書の続編である。研究会の折，先生は「坂寄さん……，与田さん……」と名前をあげられ，「読みなさい」とご指導いただいていた。今日までそのご指導にこたえられていないことが「胸のつかえ」であった。本書で，不十分ではあるがそのご指導に少しでもこたえられたのではないかと思っている。

本書は，その約半分をいわゆる理論史の研究にあてている。しかしながら著者はもともと歴史研究者ではない。2014年に著者は勤務先から半年間の国内留学期間をいただくことができた。その受け入れ先であった天理大学において，日々学生たちと議論を重ねながら，社会福祉専攻准教授・倉持史朗先生から多くのご指導をいただいた。歴史研究の方法と意義とが，いまだ何となく，と実に頼りないが，少し理解できたように思う。倉持先生と倉持ゼミの卒業生諸氏に深く感謝したい。

本書を刊行することができたのは，著者の勤務先である大阪産業大学の良好な研究環境のおかげである。上記のとおり2014年度には半年間の国内留学もおゆるしいただいた。学長・金澤成保先生，経済学部長・王京濱先生，経済学科主任・加藤道也先生，国際経済学科主任・高神信一先生，大学院経済学研究科長・韓福相先生，同アジア地域経済専攻主任・古谷眞介先生をはじめ，すべての先生方・職員の方々にあらためて感謝したい。

出版をめぐる情勢がことのほか厳しい中，本書の出版をご快諾いただいた田中千津子社長，編集部・落合絵理氏に感謝の意を表する次第である。

最後になったが，「同業者」でもある，妻・志保に感謝したい。人の仕事をじゃまするほどけたたましいかと思えば，一転して急にものも言わずに勉強し始めるような，実にめんどくさくわがまま勝手な夫であることに，この場を借りて詫びたいとともに，見捨てないでほしいと願うばかりである。

2015年10月

木村　敦

索　引

た　行

な　行

は　行

ま　行

や　行

ら　行

わ　行

著者紹介

木村　敦

大阪産業大学経済学部教授，博士（経済学）
1965年　京都市に生まれる
1990年　京都府立大学文学部社会福祉学科卒業
1998年　同志社大学大学院文学研究科社会福祉学専攻博士後期課程満期退学
同　年　種智院大学仏教学部講師
2003年　同助教授
2007年　大阪産業大学経済学部准教授
2010年　同教授
専　攻　社会保障論，社会福祉政策論
主　著　『社会保障—論点・解説・展望—』（編著，2003年，学文社，2008年増補改訂版）
『社会政策と「社会保障・社会福祉」—対象課題と制度体系—』（単著，2011年，学文社）
『東日本大震災と社会認識—社会科学の目を通して災害を考える—』（共著〔竹内常善・斉藤日出治編〕，2013年，ナカニシヤ出版）
『家庭支援論』（共著〔木村志保・津田尚子編著〕，2014年，保育出版社）
他

社会福祉論の基本問題

2015年12月10日　第一版第一刷発行

著　者　木　村　　敦
発行所　株式会社　学　文　社
発行者　田　中　千津子

〒153-0064　東京都目黒区下目黒3-6-1
電話（03）3715-1501㈹　振替00130-9-98842
http://www.gakubunsha.com

乱丁・落丁の場合は本社にてお取替えします。
定価はカバー，売上げカード，に表示してあります。
印刷／新灯印刷株式会社
〈検印省略〉

ISBN978-4-7620-2577-8